Comment nous vivons, comment nous pourrions vivre

Collection dirigée par Lidia Breda

Du même auteur
chez le même éditeur

L'art et l'artisanat

William Morris

Comment nous vivons, comment nous pourrions vivre

*Traduit de l'anglais et préfacé
par Francis Guévremont*

Rivages poche
Petite Bibliothèque

Retrouvez l'ensemble des parutions
des Éditions Payot & Rivages sur
www.payot-rivages.fr

Titres originaux :
How we live and how we might live ;
The Art of the People ; *The Lesser Arts*

© 2013, Éditions Payot & Rivages
pour la présente édition
106, boulevard Saint-Germain – 75006 Paris

ISBN : 978-2-7436-2454-5

PRÉFACE

Les trois essais que nous présentons dans ce volume sont les textes de conférences que William Morris (1834-1896) a prononcées entre 1877 et 1884. Ces conférences marquent un tournant dans la vie de Morris, plus connu jusque-là pour ses activités artistiques et ses productions littéraires. Mais en 1876, il s'engage définitivement dans la vie publique : en novembre de cette année-là, il rejoint l'association pacifiste *Eastern Question Association*[1], puis, en 1877, il est l'un des membres fondateurs de la *Society for the Preservation of Ancient Buildings* (Société pour la préservation des édifices anciens), qui s'efforce de sauvegarder le patrimoine architectural de l'Angleterre. Ces engagements visent à défendre des intérêts qui

---

1. Cette association s'opposait à l'alliance entre la Grande-Bretagne et la Turquie, que favorisait le Premier Ministre de l'époque, Benjamin Disraeli. On craignait que cela mène à une guerre contre la Russie.

lui tiennent à cœur depuis longtemps ; cependant, la portée de ces deux groupes lui paraît bientôt insuffisante et leur action, trop circonscrite. Dès 1883, Morris se rapproche des socialistes et, en 1885, il adhère à la *Socialist League*, dont il devient au cours des années suivantes l'un des principaux animateurs. Il dépense alors sans compter son temps, son énergie, et son argent : il participe à presque toutes les réunions hebdomadaires, prend part aux manifestations, rédige des manifestes, des tracts, des brochures, compose même des chansons. Il prend aussi la direction du journal du parti, *Commonweal*, pour lequel il écrira plusieurs centaines d'articles.

En plus de cette activité débordante, il commence à donner des conférences, à un rythme tout d'abord assez lent, puis qui va croissant jusqu'à devenir frénétique : une en 1877, six en 1879, quatre-vingt-onze en 1886 puis 105 en 1887, soit en moyenne une tous les trois ou quatre jours. En tout, il en rédige plus d'une centaine[1], dont seule une infime partie a été publiée par la suite. Morris sillonne tout le Royaume-Uni, de Londres à Glasgow, de Birmingham à Dublin, de Manchester à Édimbourg, et s'adresse à des auditoires d'artistes, d'étudiants ou de commerçants, mais le plus souvent d'ouvriers, qu'il tâche de convaincre des

---

1. Les mêmes conférences sont généralement prononcées plusieurs fois, devant des auditoires différents.

vertus du socialisme, de son socialisme, fait de liberté, de travail collaboratif et de solidarité.

Les premières assemblées où il s'exprime le mettent au supplice. Morris, connu pourtant parmi ses amis pour sa voix retentissante, son rire franc, ses enthousiasmes tonitruants, devient brusquement timide et nerveux devant une salle pleine de spectateurs. Sa voix s'éteint, ses gestes s'étriquent, il ne peut s'empêcher de tripoter constamment la chaîne de sa montre. C'est pour lui comme un nouveau métier, qu'il lui faut apprendre et maîtriser : il s'entraîne donc à parler dans les salles vides, il apprend à projeter sa voix, à discipliner ses gestes, il prononce ses conférences devant ses amis pour juger de leurs réactions.

William Morris n'en est pas à son premier métier, loin de là : à quarante-deux ans, il a déjà connu plusieurs carrières successives. Après ses études à Oxford, il est entré dans une étude d'architecte, qu'il a quittée aussitôt, déçu par le manque d'imagination et de vision de ses maîtres. Très proche à l'époque de certains membres du groupe des préraphaélites, grand admirateur de l'œuvre de John Ruskin, il a aussi peint quelques tableaux et quelques fresques – dont l'une, à Oxford, réalisée en collaboration avec plusieurs amis, notamment Edward Burne-Jones et Dante Gabriel Rossetti, est restée célèbre. On ne saurait par ailleurs exagérer l'importance de ces amitiés de jeunesse, qui durent jusqu'à la fin de sa vie et en orientent tout le cours. Mais il juge ses propres œuvres avec sévérité, et abandonne la peinture.

Il se lance ensuite en poésie, et publie notamment, de 1865 à 1870, *The Earthly Paradise*, un vaste ensemble de plus de 40 000 vers (à titre de comparaison, *L'Odyssée* en compte environ 12 000). Ce « Paradis terrestre » lui vaut une certaine renommée littéraire. Par la suite, passionné par les grandes épopées nordiques, il apprend l'islandais et, avec l'aide d'Eiríkr Magnússon, traduit plusieurs sagas. Mais toutes ces activités artistiques ou littéraires demeurent secondaires : son occupation principale, à compter de la fondation de Morris, Marshall, Faulkner & Co. en 1861 (qui devient Morris & Co. en 1875), est l'artisanat.

Morris conçoit, dessine, élabore et fabrique lui-même (ou fait fabriquer par des ouvriers, selon des spécifications extrêmement rigoureuses) des tapisseries, des vitraux, des tissus, des tentures, des papiers peints, des meubles, qu'il vend ensuite dans sa boutique installée dans le quartier de Bloomsbury, à Londres. À chaque fois, pour chacun de ces métiers, il se livre à d'infinies expérimentations, retrouve de vieux artisans pour les interroger sur leurs méthodes de travail, se plonge dans la lecture d'ouvrages anciens et de manuscrits médiévaux à la British Library dans l'espoir d'y retrouver des recettes oubliées. Il travaille pendant des semaines avec des teinturiers afin de parvenir à la nuance exacte qu'il souhaite pour ses tissus ou ses tapisseries. Il fabrique ses propres métiers à tisser, se rend à la manufacture des Gobelins, à Paris, pour s'inspirer de ses méthodes, avant de se mettre à dessiner puis à fabriquer des tapisseries d'une extraordinaire complexité.

Ce souci du détail et ce soin de faire revivre d'anciennes techniques artisanales assurent le succès de l'entreprise, et exercent une grande influence en Angleterre. Longtemps, les tapisseries de soie aux riches motifs floraux de Morris & Co. décoreront les intérieurs de la bourgeoisie éclairée. Son travail inspire en outre le mouvement *Arts and Crafts*, qui tente de rendre à l'artisanat la place qu'il occupait avant la Révolution industrielle, et qui exercera une influence durable sur l'architecture et les arts décoratifs en Angleterre et au-delà.

Le métier de conférencier n'est d'ailleurs pas le dernier que Morris apprend : à partir de 1888, il commence l'apprentissage de la typographie, de la composition et de l'imprimerie, puis il fonde en 1891 la Kelmscott Press, qui publie ses dernières œuvres – des romans, dont le célèbre *Nouvelles de nulle part*, des traductions de Virgile, d'Homère, de *Beowulf* – et de nombreuses éditions de luxe, richement illustrées, notamment des œuvres de Chaucer.

* * *

Les essais qui suivent portent encore la trace de leur origine orale, même si Morris les a publiés par la suite dans des recueils[1]. De fait, on a plutôt l'impression que leur auteur tenait à ce que ces textes conservent leur forme première. L'usage du vocatif, par exemple, y est constant et généralisé, et le ton y est par moments proche de celui de la conversation. De même, Morris ne gomme nullement les références au lieu où la conférence a été prononcée, aux métiers qu'exercent certains des membres de son auditoire, à des allocutions passées ou à venir. Mais ce qui demeure surtout de la présentation verbale de ces textes, c'est leur structure, à la fois très simple et très explicite. Morris, en bon orateur, annonce toujours son plan, et tient toujours le spectateur au fait de sa progression ; il récapitule régulièrement ses propos, n'hésite pas à souligner et à mettre en valeur les points qui lui semblent particulièrement importants – ce que le texte écrit rend par l'usage de lettres majuscules, et l'on peut aisément imaginer Morris, devant son public, accentuant ces points par la voix.

---

1. *Signs of Change* (1888), pour « Comment nous vivons, comment nous pourrions vivre », et *Hopes and Fears for Art* (1882), pour « Les arts mineurs » et « L'art du peuple ».

Mais il ne faut pas déduire de cette structure limpide que Morris a simplifié son propos ; au contraire, ces trois textes montrent clairement toute l'originalité de la pensée de William Morris. Dans ces essais, aucun sujet n'est abordé en vase clos, et tous les éléments se lient les uns aux autres en une vaste unité organique. Ainsi, chacun des trois textes touche à des questions ostensiblement différentes des deux autres : « Comment nous vivons, comment nous pourrions vivre » examine le système économique capitaliste et tente de montrer ce que ce système a de déshumanisant, non seulement pour les ouvriers, réduits à l'état de machines, abrutis par le travail, mais aussi pour les riches et les bourgeois, condamnés à une oisiveté suffocante ; « Les arts mineurs » s'intéresse aux arts décoratifs, à leur importance dans la vie quotidienne, à la différence qui existe – et ne devrait pas exister – entre les artistes et les artisans ; « L'art du peuple » réfléchit à l'avenir de l'art et à l'influence néfaste du commerce, et se demande comment parvenir à créer un véritable art populaire.

Mais quand il dénonce le système capitaliste, c'est au nom de la nécessité de permettre à chacun de faire un travail qui l'intéresse, qui le stimule – de la nécessité, en somme, de permettre à chacun de faire un travail créatif, artistique. L'industrialisation ne peut pas mener au bonheur des hommes, ne peut jamais apporter de changement positif pour la société, et seule une grande révolution du travail et de la consommation autoriserait l'espoir de jours meilleurs. De même, si pour Morris les arts dits mineurs que sont les arts décoratifs sont importants, c'est parce qu'ils embellissent le monde dans lequel nous vivons, mais aussi parce qu'ils satisfont les artisans eux-mêmes. Quand le beau et l'utile se fondent en un seul et même objet, l'artisan est heureux de son travail, comme l'utilisateur est heureux de posséder cet objet. Enfin, si pour Morris l'art doit être populaire, c'est que cela est la nature même du peuple d'être artiste : les rois, dit-il, détruisent, et le peuple construit. Par conséquent, un art vraiment populaire ne sera possible que lorsqu'un changement politique définitif aura aboli le pouvoir des puissants et des riches, aura mis fin aux inégalités entre les hommes.

Ainsi, malgré leurs différences apparentes, ces trois essais se posent les mêmes questions, et proposent peu ou prou les mêmes réponses. Seule la perspective change. Pour Morris, ce ne sont que les facettes d'un seul et immense problème. Les relations entre l'art et le travail, entre le travail et le socialisme, entre le socialisme et l'art ne peuvent jamais être dissociées. Tout travail doit être artistique, il doit être fait dans un esprit de collaboration et non de compétition ; tout art doit être utile ; le socialisme est le seul régime politique qui permette de réunir ces conditions.

C'est là toute l'originalité de sa pensée : William Morris n'est pas un socialiste orthodoxe. Il n'a jamais été marxiste, et cela n'est pas dû à l'ignorance. Nous savons qu'il a lu *Le Capital*, dans sa traduction française ; nous savons aussi qu'il a un peu connu Friedrich Engels, qui vivait alors en Angleterre, et qu'il a fréquenté Eleanor, fille de Karl. Mais Morris ne s'intéresse pas aux ouvriers des grandes usines. Il se désole de leur sort, certes, mais il ne se demande nullement comment améliorer leurs conditions de travail : ce qu'il veut, c'est mettre fin une fois pour toutes à ce régime de production. Dans ces immenses établissements où rugissent les machines et où les hommes usent leurs existences, on ne fabrique que de la camelote, des objets identiques les uns aux autres, laids et inutiles, des munitions pour alimenter la grande guerre commerciale.

À la place de la Révolution industrielle, William Morris préconise la révolution artisanale.

Mais loin de proposer un retour au passé, à un système archaïsant qui abolirait les progrès de la science, Morris se tourne résolument vers l'avenir. Il n'est pas un luddite, il ne tient pas à démolir les machines de l'industrialisation. Au contraire, il répète à plusieurs reprises que l'on continuera à utiliser les machines quand le socialisme aura été instauré : elles serviront à accomplir rapidement et au coût d'un moindre effort les tâches ennuyeuses et répétitives qui sont nécessaires à la bonne marche de toute société.

De fait, ce qui frappe à la lecture de ces essais, c'est l'étonnante pertinence des propos et des préoccupations de Morris pour le lecteur d'aujourd'hui. Quand il peste contre le commerce, qui pousse les fabricants à produire le plus vite possible des objets de médiocre qualité, laids et inutiles, c'est la société de consommation qu'il dénonce ; quand il fait des remontrances aux acheteurs, leur reprochant de ne chercher que les prix les plus bas, sans égard pour l'objet acheté ni pour les conditions de vie de celui qui l'a fabriqué, c'est déjà une forme de commerce équitable qu'il préconise. Quand Morris dénonce les grandes usines, qui déversent leurs déchets dans les rivières et en noircissent les eaux, dont les cheminées crachent des fumées qui empestent l'air et cachent le ciel, il ne renie pas le progrès. Il condamne l'indifférence des industriels, qui préfèrent préserver leurs profits, quitte à détruire la nature. Morris est l'un des premiers écologistes. Et quand il se plaint du tort que les grandes industries occidentales causent aux arts traditionnels de l'Inde ou d'ailleurs, quand il rage contre les gouvernements qui, loin de décourager cette domination, la favorisent en attaquant diplomatiquement ou militairement les pays qui tentent de se protéger de ces assauts commerciaux, quand enfin il raille l'hypocrisie du capitalisme, qui exige le laissez-faire économique en Angleterre tout en demandant l'intervention du gouvernement à l'étranger pour éviter toute concurrence, c'est l'ensemble du système colonialiste que Morris expose et condamne.

Ainsi, des thèmes en apparence mineurs – l'artisanat, la fabrication de ces humbles objets que chacun de nous utilise tous les jours, la beauté d'une modeste église de village, l'importance de ne pas abattre d'arbres à la légère – recouvrent en fait des enjeux sociaux et politiques très vastes. Morris ne sépare pas, il interdit de séparer la simple fierté du travail bien fait et la joyeuse utopie d'une société entièrement refondée. La révolution socialiste, ou même la seule redistribution des richesses ne signifient rien, si elles ne permettent pas aux hommes de trouver l'amitié, la beauté, le bonheur.

Francis GUÉVREMONT

COMMENT NOUS VIVONS,
COMMENT NOUS POURRIONS VIVRE

Pour la plupart des gens, le mot de « révolution », que nous autres socialistes sommes si souvent obligés d'employer, évoque d'affreuses images. Mais nous ne voulons pas nécessairement dire par ce mot un changement qui s'accompagne d'émeutes et de violences de toutes sortes, et encore moins un changement prémédité, qui s'accomplirait sans l'assentiment de l'opinion publique et serait le fait d'un groupe d'hommes ayant réussi, d'une manière ou d'une autre, à s'emparer provisoirement du pouvoir exécutif. Nous employons plutôt ce terme de « révolution » dans son sens étymologique de changement touchant les fondements de la société. Les gens ont peur à l'idée d'un changement aussi profond et nous supplient d'employer plutôt le mot de « réforme ». Pour nous autres socialistes, cependant, « réforme » n'a pas du tout le même sens que celui de « révolution ». Il ne me paraît donc pas convenir, quels que soient les projets qui se dissimulent derrière cette inoffensive façade. Gardons-nous bien d'utiliser tout autre mot, puisque le nôtre désigne un changement qui touche les fondements de la société. Il peut faire peur aux gens, mais au moins il les avertit qu'un danger réel existe, et que cela ne le conjurera pas de ne pas y prêter attention. Nous inspirerons peut-être du courage à quelques-uns, qui connaîtront ainsi l'espérance, et non la peur.

L'espérance et la peur : ces deux grandes passions dominent toute l'espèce humaine, et tout révolutionnaire a forcément affaire à elles. Notre travail, c'est de donner espoir aux opprimés, qui sont une multitude, et de faire trembler les oppresseurs, qui sont une minorité. Si nous y parvenions, si les foules se mettaient à espérer, cet espoir suffirait à faire trembler ces quelques hommes – mais nous ne tenons guère à les terroriser. Nous ne voulons pas venger les pauvres, nous voulons leur bonheur. D'ailleurs, comment se venger de façon adéquate de tous ces millénaires de souffrance ?

Cependant, nombre de ceux qui oppriment les pauvres, et même la plupart d'entre eux, ne se savent même pas oppresseurs (nous en verrons la raison sous peu) : ils vivent leurs vies discrètes et rangées, et croient sincèrement n'avoir rien en commun avec ces Romains qui possédaient des esclaves ou avec Legree[1]. Ils savent que les pauvres existent, mais leur souffrance ne se montre pas à eux de façon violente ou spectaculaire. Ils affrontent eux-mêmes leur lot de soucis et s'imaginent sans doute que tous les hommes font de même ; aucun moyen ne s'offre à eux qui leur permette de comparer leurs soucis avec ceux qui se trouvent à un rang inférieur dans l'échelle sociale ; et si jamais l'idée que ces soucis pourraient être pires leur vient, ils se consolent en se disant que l'on s'habitue à tout, si lourde que soit notre peine.

Vraiment, cela est indéniable, du moins en ce qui a trait aux individus. Ils sont nombreux à soutenir l'état actuel, quelque imparfait qu'il soit. Il y a ces oppresseurs inconscients, confortablement installés, qui craignent tout changement au-delà de la réforme la plus bénigne et la plus graduelle. Il y a aussi ces gens pauvres, dont les vies sont dures et pleines d'anxiété, qui redoutent le moindre changement, car le geste le plus infime en vue d'une éventuelle amélioration de leur condition pourrait mettre en péril le peu qu'ils possèdent. Ainsi, nous ne pouvons rien faire en ce qui concerne les riches, sinon tâcher de leur faire peur, et il nous est extrêmement difficile de donner aux pauvres la

---

1. Simon Legree est un personnage propriétaire d'esclaves dans le roman d'Harriet Beecher Stowe, *La Case de l'oncle Tom*. (*N.d.T.*)

possibilité d'espérer. Rien de plus raisonnable, par conséquent, que ceux que nous tentons d'enrôler dans ce grand combat pour une vie meilleure réclament que nous leur donnions quelques aperçus de ce à quoi cette vie ressemblerait.

Cette demande est raisonnable, certes, mais elle est difficile à satisfaire, car le système dans lequel nous vivons rend presque impossible l'effort conscient de reconstruction. Il n'est donc pas déraisonnable de répondre : « D'incontournables obstacles empêchent tout progrès réel de l'humanité. Nous pouvons vous les décrire ; s'ils viennent à disparaître, alors vous verrez. »

J'ai la ferme intention de répondre ici à ceux qui se disent qu'au moins, pour le moment, nous ne sommes pas entièrement démunis, et qui redoutent de se retrouver dans une situation encore plus pénible et de tout perdre. Malheureusement, dans mon effort pour décrire comment nous pourrions vivre, il me faudra parler en des termes presque exclusivement négatifs, c'est-à-dire que je devrai démontrer que nous échouons dans nos tentatives de nous donner une vie passable. Aux riches, aux gens aisés, il me faut demander : vous qui craignez tellement de perdre votre position que vous seriez prêts à tout pour la conserver, en quoi au juste consiste-t-elle, cette position ? Serait-il si malheureux, si effroyable, de devoir l'abandonner ? Aux pauvres, je dirai que, bien que vous ayez toutes les aptitudes pour vivre une vie digne et productive, votre condition actuelle vous oblige à subir des indignités constantes et infinies.

Comment vivons-nous, donc, dans le système actuel ? Faisons ensemble un tour d'horizon.

La première chose à comprendre est que notre système social est construit sur la base d'un état de guerre permanent. Y en a-t-il parmi vous qui trouvent cela normal ? Je sais que l'on vous a souvent parlé des bienfaits de la compétition, principe de toute la production, censée stimuler le progrès de l'humanité. Mais ceux qui vous répètent ces choses devraient par souci d'honnêteté préférer au terme de « compétition » celui de « guerre ». Vous pourriez alors juger en toute connaissance de cause si en effet la guerre stimule le progrès – un peu à la façon d'un taureau enragé qui vous pourchasserait dans votre jardin. La guerre, la compétition, donnez-lui le nom que vous voulez ; la vérité est que cela signifie – au mieux – la recherche pour soi-même d'un avantage, même s'il porte préjudice à autrui, et que vous devez être prêts à tout détruire, à détruire même tout ce que vous possédez, si vous ne voulez pas perdre le combat. Quand il s'agit de ces guerres où les gens n'ont d'autre choix que de tuer ou d'être tués, de ces guerres au cours desquelles on lance des bateaux avec pour seuls ordres de « couler, de brûler et de détruire », vous comprenez cela parfaitement. Mais quand il s'agit de cette autre guerre que l'on nomme le « commerce », vous ne semblez pas même conscients de tout ce gaspillage de biens. Notez, pourtant, que ce gaspillage a bel et bien lieu.

Étendons-nous quelque peu, si vous le voulez bien, sur cette autre forme de guerre ; observons les différentes formes qu'elle peut prendre. Vous verrez bien que l'objectif y est tout autant de « couler, de brûler et de détruire » que dans la première.

Voyons d'abord ce que nous appellerons la rivalité nationale, qui est d'ailleurs à l'origine de toutes les guerres entre nations civilisées où l'on combat avec des baïonnettes et de la poudre à canon. Longtemps, nous, Anglais, avons refusé de nous y livrer, sauf lorsque des circonstances favorables nous permettaient de combattre sans le moindre risque, de tuer sans être tués, ou du moins en espérant ne pas l'être. Longtemps, nous avons refusé de nous battre contre un ennemi digne de ce nom, et je vais vous dire pourquoi : c'est parce que nous dominions le marché mondial. Nous ne voulions pas nous battre en tant que nation, parce que le butin nous appartenait déjà. Mais cela est de moins en moins vrai, ce qui, pour un socialiste, ne peut être que réjouissant. Nous sommes en train de perdre, nous avons déjà perdu notre position dominante, et nous devons désormais entrer en « concurrence » désespérée avec les autres grandes nations civilisées pour contrôler le marché mondial – demain, nous devrons peut-être faire la guerre pour y parvenir. Par conséquent, la guerre, si elle n'est pas à trop grande échelle, ne se résume plus désormais à ce champ d'honneur qui plaisait tant aux vieilles moustaches du parti conservateur. Pour les conservateurs, d'ailleurs, ces guerres servaient leurs intérêts politiques et n'étaient jamais qu'un bon prétexte pour étouffer la démocratie. Tout cela a bien changé, et ce sont des politiciens d'un tout autre acabit qui ont pris l'habitude de faire appel à notre « patriotisme », puisque tel est le nom qu'on lui donne. Personne n'est plus chauvin aujourd'hui que les leaders de ceux qui se sont donné le nom de libéraux progressistes – des gens du reste fort sages, qui savent très bien que la société est en pleine agitation, qui n'ignorent pas que le monde avance, quelle qu'y soit leur contribution. Je ne veux pas dire qu'ils savent ce qu'ils font : les politiciens, vous le savez aussi bien que moi, prennent bien soin de ne jamais tenir aucun compte de ce qui pourrait se produire dans plus de six mois. Mais voici ce qui se passe : notre système actuel, qui ne peut exister sans rivalités nationales, nous oblige à tenter désespérément de nous emparer des marchés, sur un pied d'égalité avec toutes les autres nations, puisque, je le répète, nous avons perdu notre domination. Je dis « désespérément » sans exagérer. Pour satisfaire notre besoin de rafler des marchés, nous sommes prêts à tout et à tous les sacrifices. Aujourd'hui, cela représente un brigandage impuni et infamant ; demain, cela deviendra peut-être une défaite pure et simple, et tout aussi infamante.

Je ne fais pas de digression en disant cela, même si je me rapproche peut-être un peu plus que je ne le voudrais de ce que l'on appelle communément la politique. Je tiens seulement à démontrer où mène la guerre commerciale avec les nations étrangères. Même les plus bêtes se rendent bien compte qu'un considérable gâchis en est la conséquence. Voilà comment nous vivons aujourd'hui : nous méditons la ruine des nations étrangères, sans leur faire la guerre si possible, quitte à les attaquer si cela s'avère nécessaire. Et je ne parle même pas de l'exploitation honteuse de ces tribus sauvages et barbares, que nous forçons à la pointe de la baïonnette à avaler notre camelote et notre hypocrisie.

Sans doute, le socialisme a mieux à offrir : il peut, en effet, vous offrir la paix et l'amitié au lieu de la guerre. Nous pourrions vivre sans rivalités nationales. Il est évidemment préférable que toute population qui se sent l'envie naturelle de s'unir et de porter un nom commun ait le droit de se gouverner elle-même, mais aucune collectivité vivant de façon civilisée ne devrait croire ses intérêts antagoniques à ceux d'une autre, en supposant leur situation économique à peu près égale. Ainsi, tout citoyen d'une collectivité devrait pouvoir sans difficulté aller vivre et travailler dans un pays étranger, et y faire sa place de façon tout à fait naturelle. Toutes les nations civilisées formeraient de la sorte une seule immense communauté ; elles conviendraient ensemble de la nature et de la quantité des biens à produire et à distribuer, elles s'assureraient que telle ou telle production se ferait là où elle serait la plus efficace, elles collaboreraient pour éviter tout gaspillage. Songez seulement à toutes ces pertes que nous pourrions éviter – une telle révolution répandrait partout une immense prospérité ! Qui sur cette terre pourrait souffrir de cette révolution ? Qui n'en profiterait pas ? Quant à ce qui l'empêche de se réaliser, j'aborderai bientôt cette question.

Mais d'abord, passons de la « compétition » entre nations à celle entre grandes organisations de l'activité industrielle, grandes entreprises et sociétés par actions – entre capitalistes, pour faire court. Comment est-ce que la compétition stimule leur production ? Car elle la stimule, en effet : mais en quoi consiste cette production ? Eh bien, il s'agit de la production d'objets que l'on revend pour faire des profits, en bref, de la production de profits. Voici comment la guerre commerciale parvient à stimuler cette production : un marché quelque part demande des biens ; supposons qu'il existe cent fabricants capables de les produire : chacun d'entre eux accaparerait ce marché tout entier pour lui seul s'il le pouvait, et chacun se bat avec la dernière énergie pour en conquérir la plus grande part. Le résultat est inévitable : on produit bientôt beaucoup trop, le marché est saturé, et tout ce travail acharné ne donne rien. À votre avis, cela ne ressemble-t-il pas beaucoup à la guerre ? Ne voyez-vous pas le gaspillage – gaspillage de travail, de savoir-faire, d'intelligence ? Tranchons le mot, le gaspillage de vies ? Certes, direz-vous, mais grâce à tout cela, les prix baissent. Et vous avez raison, en un sens. Mais ce n'est qu'illusion, car les salaires des ouvriers tendent à baisser en proportion des prix : c'est un coût énorme à payer pour ces bas prix illusoires ! Autrement dit, le consommateur se fait escroquer, le producteur réel meurt de faim, et le seul à en bénéficier est le parieur, qui considère le consommateur et le producteur comme des vaches à lait. Sans parler, d'ailleurs, du problème du frelatage : vous savez tous l'importance que cela peut avoir dans ce type de commerce ; n'oubliez pas, en outre, que le frelatage est une conséquence absolument inévitable de la production de profits au moyen de marchandises, à laquelle s'affairent ces soi-disant fabricants. Il est essentiel que vous compreniez que, tout bien considéré, le consommateur est parfaitement impuissant face au parieur. On ne lui propose rien d'autre que des articles à vil prix, et la recherche énergique et agressive de ces bas prix limite comment il peut espérer vivre sa vie. Aucun pays n'est à l'abri des ravages causés par la malédiction de la guerre commerciale. Des traditions vieilles de mille ans disparaissent en un mois devant son avancée ; elle infeste les pays faibles ou semi-barbares, et ce qui existait là de mystère, de plaisir ou d'art est jeté dans la fange du sordide et du laid. Les artisans indiens ou javanais ne peuvent plus travailler à loisir, à raison de quelques heures tous les jours, pour tisser ces étoffes à l'étrange et inextricable beauté. À Manchester, on a mis en marche une machine à vapeur que l'on a créée au prix d'innombrables difficultés, une véritable victoire sur la nature, et cette machine servira à produire une argile de kaolin de mauvaise qualité, et l'ouvrier asiatique, s'il ne meurt pas d'abord de faim, comme cela arrive souvent, est forcé lui-même d'aller s'engager dans une usine, si bien que son frère de Manchester verra son salaire baisser. Son caractère s'affaiblit, et bientôt plus rien ne lui reste sinon peut-être la peur et la haine envers celui qui représente à ses yeux le mal absolu, le maître anglais. Le Polynésien doit cesser de tailler des canoës, il doit abandonner sa douce oisiveté et ses danses gracieuses, pour devenir l'esclave d'un esclave. Le pantalon, le coton grossier, le rhum, le missionnaire, l'épidémie : il lui faut avaler tout cela d'un coup. Il est sans défense, et nous ne pouvons rien pour lui, tant que durera l'hideuse tyrannie de ce jeu de hasard qui l'a ruiné.

Voilà pour les consommateurs ; que dire des fabricants ? Je veux parler des vrais fabricants, les ouvriers. En quoi cette immense bousculade de pillards assoiffés de richesses les touche-t-elle ? L'industriel, plein de zèle guerrier, a dû réunir en un seul lieu une vaste armée de travailleurs. Il les a entraînés spécifiquement pour produire le plus efficacement possible ce qu'il cherche à produire – c'est-à-dire qu'il les a dressés à maximiser son profit, et ils en sont devenus incapables de produire toute autre chose. Quand le marché sur lequel il se trouve en vient à être saturé, qu'advient-il de cette armée ? Chaque soldat dépendait entièrement d'une demande stable dans ce marché, agissait – mais il ne pouvait agir autrement – comme si cette demande n'allait jamais faiblir. Vous savez bien ce qu'il advient d'eux : l'usine ferme ses portes à une majorité d'entre eux. Au mieux, ils seront enrôlés dans l'armée de réserve de la main-d'œuvre, qui est si utile en période d'inflation. Que deviennent-ils ? Ne nous leurrons pas, nous le savons tous très bien. Mais ce que nous ne savons pas, c'est que cette armée de réserve de la main-d'œuvre est une arme indispensable de la guerre commerciale. Si nos chefs industriels ne pouvaient pas recruter ces malheureux pour faire tourner leurs machines quand la demande est forte, d'autres industriels, en

France, en Allemagne, en Amérique, s'en mêleraient et leur prendraient leur marché.

Vous le voyez bien, le système actuel oblige une large majorité de la population à vivre sous la menace constante de la famine et ce, non au bénéfice de gens habitant une autre partie de la Terre, mais pour l'asservissement et l'avilissement de tous.

Songez un instant à ce que tout cela représente de gâchis : on cherche de nouveaux marchés et on les trouve dans les pays sauvages et barbares, et rien ne modifie de façon plus extrême notre monde que cette quête acharnée du profit. Vous entendez bien, je crois, que cette quête est un horrible cauchemar : nous sommes constamment angoissés et terrifiés à l'idée de perdre notre emploi ; nous ne pouvons plus lire un livre, regarder une peinture, nous promener dans un joli endroit, nous reposer au soleil, discuter des derniers progrès de la science, bref jouir de plaisirs animaux ou intellectuels. Dans quel but ? Pour vivre sans discontinuer notre vie d'esclave jusqu'à notre mort, afin de procurer à un homme riche une vie aisée et luxueuse – si l'on peut appeler cela vivre : une vie si vide, si malsaine, si dégradée que, tout bien considéré, il s'en porte peut-être plus mal que nous, les travailleurs. Et l'on se tient pour très heureux si toute cette souffrance n'a eu aucune conséquence néfaste, si les marchandises n'ont causé de tort à personne. Le plus souvent, en effet, elles causent du tort à des foules entières. Nous trimons, nous geignons, nous mourons pour fabriquer le poison qui assassinera nos semblables.

Je le dis sans ambages, il s'agit bien d'une guerre, avec toutes les conséquences des guerres, une guerre qui ne se fait pas entre nations rivales mais entre entreprises concurrentes, entre bataillons capitalistes. Si vous vous unissez à moi pour souhaiter que la paix règne entre les nations, sachez que cette guerre industrielle la rend impossible. La guerre est l'âme même de ces belliqueuses compagnies, et elles se sont accaparé, ces dernières années, pratiquement tout le pouvoir politique. Dans chaque pays, elles s'entendent entre elles pour exiger de leur gouvernement les deux seules choses suivantes : maintenir à l'intérieur une importante force de police, pour que se perpétue l'ordre social où les forts subjuguent les faibles ; à l'étranger, les protéger au mépris des lois, leur servir d'explosifs pour renverser les murailles des marchés du monde et les envahir. Nos chefs d'entreprises ne peuvent concevoir aucune autre fonction pour un gouvernement : aider à s'emparer des marchés coûte que coûte à l'étranger, conserver coûte que coûte chez soi le privilège de la non-ingérence, ce que l'on appelle à tort le « laissez-faire »[1].

---

1. À tort, parce que les classes privilégiées s'appuient sur la force de l'exécutif pour contraindre les déshérités à

Il me faut maintenant vous démontrer pourquoi cela est ainsi, sur quelles bases se fonde cette situation. Je le ferai en répondant à la question : pourquoi les profiteurs ont-ils tant de pouvoir, ou, en tout cas, pourquoi leur permet-on de le conserver ?

Cela nous amène à la troisième forme de guerre commerciale, la dernière, celle dont toutes les autres dépendent. Nous avons d'abord parlé de la guerre entre nations, ensuite de la guerre entre entreprises. Il nous reste donc à parler de la guerre entre hommes. Tout comme le système actuel oblige les nations à lutter les unes contre les autres pour les marchés du monde, tout comme il oblige les entreprises et les grandes sociétés à se battre entre elles pour la moindre parcelle des profits de ces marchés, les hommes doivent lutter les uns contre les autres – pour leur subsistance. Ce n'est que grâce à cette compétition, à cette guerre entre les hommes que les profiteurs peuvent espérer obtenir quelques profits, et qu'ils parviennent, grâce à la richesse ainsi acquise, à faire main basse sur les pouvoirs exécutifs du pays. Mais il y a une différence entre les ouvriers et les profiteurs : la guerre est nécessaire à ces derniers, aux profiteurs. On ne peut pas faire de profit sans compétition entre individus, entre entreprises, et

---

accepter leurs conditions. Si c'est là de la « libre concurrence », alors les mots ne veulent plus rien dire. *(N.d.A.)*

entre nations. Mais on peut travailler et gagner sa vie sans compétition. On peut s'associer au lieu de lutter.

Je viens de dire que la guerre était l'âme des profiteurs ; de même, je dirais que l'association est la vie des travailleurs. La classe ouvrière, le prolétariat, ne peut exister en tant que classe sans une association d'une nature ou d'une autre. Le besoin qu'ont eu les profiteurs d'assembler les hommes en ateliers selon les principes de la division du travail, puis en grandes usines où grondent les machines, et ainsi de les faire graviter un à un vers les grandes villes et les centres de la civilisation, a fait naître une classe ouvrière distincte, le prolétariat. C'est ce qui leur a donné une existence *mécanique*, pour ainsi dire. Car, notez-le bien, s'ils sont regroupés en associations pour la production de marchandises, ils ne le sont pour l'instant que mécaniquement. Ils ne savent pas ce qu'ils fabriquent, ni pour qui, puisqu'ils ne s'associent que pour fabriquer des marchandises qui serviront essentiellement à enrichir le maître, et non des objets qui leur seraient utiles. Tant que cela durera, tant qu'ils devront lutter les uns contre les autres pour le privilège de travailler, ils appartiendront, et se sauront appartenir à ces entreprises en concurrence dont j'ai parlé. Ils ne seront pour ainsi dire que des pièces de ces machines à fabriquer du profit. Le but des maîtres ou des profiteurs est de diminuer, aussi longtemps que cela leur sera possible, la valeur marchande de ces pièces humaines. Ou, pour le dire autrement : puisque les maîtres ont su s'accaparer le travail des morts – capital et machines –, il y va de leur intérêt, que dis-je ?, ils n'ont d'autre choix que de payer aussi peu que possible pour le travail des vivants qu'il leur faut se procurer jour après jour. Les travailleurs, eux, ne possédant rien d'autre que leur force de travail, n'ont d'autre choix que de se déprécier par rapport aux autres pour recevoir travail et salaire. Ils permettent ainsi au capitaliste de jouer à son jeu de hasard.

Dans ces circonstances, les travailleurs appartiennent donc aux entreprises, ils sont les accessoires du capital. Mais ils ne le sont que sous contrainte. Sans même en être conscients, ils luttent pour s'affranchir de cette contrainte et de ses conséquences immédiates que sont la baisse des salaires et de leur niveau de vie. Ils se démènent à la fois individuellement et en tant que classe. On peut les comparer aux esclaves d'un grand patricien romain, qui, tout en appartenant à la maison de ce patricien, représentent collectivement une réserve d'énergie capable de la détruire et qui, à titre individuel, volent leur maître dès qu'ils peuvent le faire impunément. Voilà, vous le voyez bien, une autre forme de cette guerre qui détermine comment nous vivons : la guerre des classes. Elle semble s'intensifier actuellement, et quand elle atteindra son paroxysme, elle détruira toutes les autres formes de guerre dont nous avons parlé jusqu'ici. La position des profiteurs en faveur de la guerre commerciale perpétuelle deviendra intenable ; le système actuel de concurrence privilégiée et de guerre commerciale disparaîtra.

J'ai dit que l'association, et non la compétition, était essentielle pour les travailleurs ; par contre, pour les profiteurs, l'association est impossible et la guerre nécessaire. Actuellement, les travailleurs représentent les machines du commerce, ou, pour le dire franchement, ses esclaves. S'ils devaient changer cette situation et devenir libres, la classe des profiteurs cesserait d'exister. Qu'adviendrait-il en ce cas des travailleurs ? Même aujourd'hui, ils constituent la seule partie essentielle de la société – la partie vitale. Les autres classes ne sont que des parasites, qui vivent à leurs dépens. Mais que deviendront-ils, quand ils prendront pour de bon possession de leurs pleins pouvoirs et cesseront de lutter les uns contre les autres pour leur subsistance ? Je vais vous le dire : ils seront la société, ils seront la collectivité. Et étant la société, n'ayant à se préoccuper d'aucune autre classe que la leur, ils pourront ajuster leur travail à leurs besoins réels.

On entend souvent parler d'offre et de demande, mais en réalité on fait allusion à une notion artificielle, car elle est sous l'emprise du marché des joueurs. On impose une demande – c'est ce que je suggérais tout à l'heure – avant même qu'il y ait une offre. De plus, puisque chaque fabricant lutte contre tous les autres, il lui est impossible de s'arrêter avant que le marché ne soit entièrement saturé et que les travailleurs ne soient jetés à la rue. On leur raconte ensuite qu'il y a eu surproduction, que les excédents de marchandises sont invendables. Mais ils sont eux-mêmes privés des plus élémentaires nécessités : la richesse qu'ils ont produite a été « mal distribuée », entend-on dire, ce qui en fait signifie qu'elle leur a été volée.

Quand les travailleurs seront la société, ils pourront ajuster leur travail de sorte que l'offre corresponde véritablement à la demande, plutôt que de se plier aux règles d'un jeu de hasard. La société satisfera d'elle-même à sa propre demande. Il n'y aura plus de famines artificielles, il n'y aura plus de pauvreté au sein de la surproduction, entourée par d'immenses accumulations de ces richesses qui pourraient précisément y mettre fin et la transformer en bonheur. Il n'y aura plus, en bref, de gaspillage, et donc plus de tyrannie.

Ce que le socialisme propose à la place de ces famines artificielles et leur soi-disant surproduction, c'est, je le répète, la réglementation des marchés. Que l'offre corresponde à la demande ; que l'on mette fin aux jeux de hasard, et que l'on en finisse avec le gâchis ; qu'il n'y ait plus de surcharge de travail et d'épuisement pour l'ouvrier un mois, et de chômage et de terreur de manquer de pain, le suivant. Qu'il y ait au contraire un travail régulier et suffisamment de temps libre ; qu'il n'y ait plus dans les marchés de marchandises à vil prix, c'est-à-dire de marchandises frelatées, de camelote, simples prétextes pour se faire du profit. Les gens ne se fatigueront plus à fabriquer ces objets, parce qu'ils n'en voudront plus quand ils ne seront plus esclaves. Ils conviendront plutôt de fabriquer des marchandises qui satisferont les besoins réels des consommateurs. La nécessité du gain ayant été abolie, les gens pourront se procurer ce qu'ils veulent vraiment, plutôt que de devoir acheter ce que les profiteurs, d'ici ou d'ailleurs, les contraignent à acheter.

Car c'est cela que je veux vous faire comprendre : dans tous les pays civilisés, au moins, il y en a assez pour tout le monde, ou, du moins, il pourrait y en avoir pour tout le monde. Même aujourd'hui, avec cette main-d'œuvre si mal utilisée, une répartition équitable de la richesse permettrait à tous de vivre confortablement – et notre richesse serait sans limite si la main-d'œuvre était bien employée.

Aux premiers temps de l'humanité, l'homme était l'esclave de ses nécessités immédiates. La Nature était puissante, et il était faible. Il lui fallait lutter jour et nuit pour se nourrir et se protéger des éléments. Sa vie se limitait à ce combat incessant. Toute sa morale, toutes ses lois, toute sa religion reflétaient ces peines infinies, résultaient de ce combat pour sa survie. Le temps passa et, petit à petit, pas à pas, il gagna en force, si bien qu'aujourd'hui, tous ces siècles plus tard, il a pratiquement conquis la Nature. On pourrait croire, par conséquent, qu'il peut maintenant se consacrer à la poursuite de ses idéaux plutôt qu'à la recherche du prochain repas. Hélas ! son progrès est hésitant et sans cesse interrompu. Il a peut-être conquis la Nature, il en maîtrise peut-être les forces, il lui reste encore à se conquérir lui-même, il lui reste à trouver comment utiliser ces forces dont il a la maîtrise. Pour l'instant, il les utilise aveuglément, stupidement, comme s'il se laissait mener par le destin. On croirait presque que le spectre de la recherche incessante de nourriture, qui le dominait quand il était encore un sauvage, hante toujours l'homme civilisé. Il peine comme en rêve, habité de pâles et vains espoirs qui ne sont que l'image rémanente de ses combats d'autrefois. Il lui faut s'éveiller de ce cauchemar, il lui faut voir la réalité telle qu'elle est. La conquête de la Nature est achevée, nous pouvons l'affirmer. Notre affaire désormais sera, et est depuis déjà longtemps de réorganiser les hommes qui commandent aux forces de la Nature. Tant que nous ne tenterons pas cette réorganisation, nous ne serons jamais délivrés du spectre de la famine, car c'est lui, et son frère diabolique, le désir de dominer, qui nous poussent à l'injustice, à la cruauté et à toutes autres sortes de turpitudes. Cesser de craindre nos frères, et apprendre à dépendre d'eux, mettre fin à la concurrence, valoriser la coopération ; voilà nos seules nécessités.

Entrons dans les détails. Vous vous doutez bien que tout homme, dans notre civilisation, pèse plus que son poids, pour ainsi dire. S'il travaille, ainsi qu'il le devrait, de façon associative, il peut produire plus que ce qui est strictement nécessaire à sa survie. Cela est vrai depuis des siècles, en réalité depuis le jour où les clans en guerre ont commencé à asservir les ennemis qu'ils avaient conquis, au lieu de les tuer. Bien entendu, cette capacité à produire du surplus n'a fait que croître, de plus en plus vite, si bien qu'aujourd'hui un homme tisserait à lui seul en une semaine assez pour habiller un village entier pendant des années. Le seul vrai problème de la civilisation consiste à déterminer ce qu'il faut faire de ces suppléments produits par le travail. Le spectre, la peur de la famine, et son frère, le désir de dominer, ont forcé les hommes à ne proposer que de fort mauvaises solutions à ce problème. Cela est particulièrement vrai aujourd'hui, alors même que la capacité à surproduire atteint de prodigieux sommets. Concrètement, la solution a toujours été de lutter les uns contre les autres pour s'accaparer la meilleure part du surplus, et toutes sortes de moyens ont été mis en œuvre par ceux qui détenaient le pouvoir pour maintenir dans la sujétion permanente ceux qu'ils venaient de dépouiller. Ceux-ci, par ailleurs, je l'ai déjà suggéré, n'auraient jamais pu empêcher ce pillage, puisque trop peu nombreux, trop dispersés, ils ne pouvaient pas même s'apercevoir de leur oppression commune. Cependant, du fait même de cette soif de gains et de profits, les hommes dépendent de plus en plus les uns des autres pour produire et se voient contraints de s'associer pour arriver plus efficacement à leurs fins. Le pouvoir des ouvriers, c'est-à-dire des classes volées, dévalisées, augmente en proportion. Il ne leur reste plus qu'à prendre conscience de cette force. Quand ils y parviendront, ils trouveront enfin la solution au problème de ce qu'il faut faire avec ce que chaque travailleur produit au-delà de ce qui lui est nécessaire pour survivre : il suffira de laisser au travailleur tout ce qu'il produit, et de ne rien lui dérober. Puisque le travail, je vous le rappelle, se fera collectivement, chacun fera très exactement le travail requis, à la mesure de ses capacités, et chacun produira exactement ce qui lui est nécessaire. Après tout, on ne peut pas *utiliser* plus que ce qui nous est nécessaire, on ne peut que le *gaspiller*.

Si ces propositions vous paraissent ridiculement idéalistes – et elles le sont peut-être quand on considère notre situation actuelle –, permettez-moi d'ajouter un argument pour les soutenir : quand les hommes se seront associés de telle sorte que leur travail ne sera plus gaspillé, ils se seront débarrassés de la peur de la famine et du désir de dominer, et pourront librement, à tout loisir, évaluer leur situation et déterminer ce dont ils ont vraiment besoin.

J'ai là-dessus mes petites idées. Je vais vous les présenter, pour que vous puissiez les comparer avec les vôtres. Seulement, souvenez-vous que ce sont précisément les différences d'aptitudes et de désirs qui existent entre les hommes qui leur permettront, une fois satisfaites leurs exigences de nourriture et de protection, de pourvoir à leurs désirs en situation de vie collective.

Parmi tout ce que mon entourage et mon milieu – mes frères – peuvent me donner, du moment que l'on ne tient aucun compte des inévitables malheurs que l'on ne peut ni prévoir ni empêcher par la coopération, de quoi ai-je vraiment besoin ?

Tout d'abord, je revendique la santé – tout en admettant que la vaste majorité des gens civilisés savent à peine ce que ce mot signifie. Sentir le plaisir d'exister, tout simplement ; éprouver le bien-être d'étirer ses membres ou d'exercer les muscles de son corps ; s'amuser, pour ainsi dire, avec le soleil, le vent et la pluie ; s'égayer à satisfaire les appétits corporels normaux de l'animal humain sans crainte d'avilissement et sans avoir le sentiment de commettre un méfait ; et encore, être de proportions harmonieuses, bien portant, avoir une mine expressive – en un mot, être beau, cela aussi, je le revendique. Si nous ne pouvons satisfaire à ces revendications, c'est que nous ne sommes, tout compte fait, que de bien faibles créatures. Et j'oppose, par ces exigences, un refus absolu à toutes ces effroyables doctrines ascétiques : nées du désespoir des opprimés et des avilis, elles ne servent plus, depuis des siècles, que d'outils pour perpétuer cette oppression et cet avilissement.

Je crois aussi que cette revendication, pour chacun d'entre nous, d'un corps sain, en entraîne bien d'autres, tout aussi légitimes. Nous ne savons pas où se développèrent les premiers germes de ces maladies qui affectent même les riches ; chez un ancêtre opulent, peut-être, mais plus vraisemblablement, à mon sens, chez un ancêtre pauvre. Au sujet des pauvres, d'ailleurs, un éminent médecin a dit qu'ils souffraient tous de la même maladie : la faim. Et je sais qu'un homme un tant soit peu surmené ne peut d'aucune façon jouir de la santé dont je parle. Il ne le peut pas non plus si son travail sur une machine le condamne à refaire éternellement les mêmes gestes monotones, ni s'il vit continuellement dans l'angoisse sordide de manquer de pain, ni s'il est mal logé, ni si on l'empêche de profiter des beautés naturelles du monde, ni s'il ne peut se divertir et stimuler son esprit de temps en temps. Quand je revendique la santé pour chacun d'entre nous, je revendique en même temps tous ces corollaires. De fait, je soupçonne qu'il faudra que ces conditions favorables soient en place pendant plusieurs générations avant que leurs effets sur la santé de l'ensemble de la population deviennent perceptibles. Mais je suis sûr et certain, par contre, que si ces conditions sont réunies pendant quelque temps, et que viennent s'en ajouter d'autres dont je parlerai à l'instant, un peuple se développera progressivement qui saura à tout le moins profiter de sa vie animale, qui vivra par conséquent heureux, et qui sera beau comme peut être belle notre espèce. Je remarque, d'ailleurs, que ce sont les conditions de vie qui provoquent les variations qui existent entre les races humaines. Nous qui vivons dans des climats assez pénibles et qui ne jouissons pas de tous les bienfaits que peut offrir la terre, si nous ne travaillions que pour gagner notre vie et non pour amasser des profits, nous pourrions malgré tout facilement compenser les désavantages de nos contrées de façon à favoriser le plein développement de notre race.

Deuxièmement, je revendique l'éducation. Ne me dites surtout pas que nous instruisons actuellement tous les enfants anglais. Une telle instruction ne satisfait pas à ma revendication, encore que j'admette volontiers que c'est déjà quelque chose. Quelque chose, c'est-à-dire, somme toute, une éducation de classe. Moi, je revendique une éducation générale : que l'on me donne la chance de toucher à toutes les connaissances de ce monde, historiques ou scientifiques, guidé par mes seules aptitudes et mes seules inclinaisons ; que l'on me donne aussi la chance d'apprendre tous les savoir-faire manuels de ce monde, qu'ils soient artisanaux ou artistiques, peinture, sculpture, musique, l'interprétation théâtrale ou autre. Je veux que l'on m'enseigne, si tel est mon plaisir, plus d'un métier par lequel je peux contribuer au bien-être de la collectivité. Certains penseront que j'en demande trop. Cependant, il me semble hors de doute qu'il s'agit d'une revendication raisonnable. Pour que la collectivité puisse tirer quelque avantage de mes dons particuliers, il importe de n'imposer à personne la médiocrité abrutissante qui est la norme aujourd'hui et au-dessus de laquelle seuls les plus forts et les plus tenaces d'entre nous peuvent s'élever.

J'ajoute que ma revendication implique des bienfaits publics qu'aucun individu, si riche soit-il, ne pourrait prodiguer à lui seul, des bibliothèques, par exemple, ou des écoles. Toute collectivité sage sait bien qu'elle ne peut aspirer à une vie décente si elle ne s'est pas dotée de ces soutiens.

De nouveau, en revendiquant une meilleure éducation, je me vois forcé de revendiquer aussi une abondance de temps libre – ce que je fais avec confiance. Lorsque nous aurons secoué les chaînes de l'esclavage du profit, le travail s'organisera avec une telle efficacité que le fardeau se répartira d'une manière fort légère sur les épaules de tous les citoyens, ce à quoi chacun contribuera par l'évidente utilité de son propre travail. Jusqu'à maintenant, toutes ces incroyables machines que nous avons inventées n'ont servi qu'à fabriquer des quantités toujours plus considérables de marchandises dont on tire des profits, n'ont servi, autrement dit, qu'à augmenter les montants que se mettent dans les poches certaines personnes pour leur propre intérêt. Ils utilisent une part de cet argent comme capital, afin de produire encore plus de profits, sans égard pour tout ce que cette production gaspille ; quant à l'autre part, elle constitue leur richesse personnelle ou leur permet de satisfaire aux dépenses de leur vie fastueuse, et donc de la gâcher encore tout entière. Les hommes riches jettent sur une sorte de bûcher le produit du travail de leurs employés, ce que leurs escroqueries leur ont permis d'en tirer, et ils brûlent tout ce qu'ils ne peuvent utiliser eux-mêmes. Malgré toutes nos inventions, malgré ces machines qui sont censées économiser la main-d'œuvre, aucun ouvrier n'a pu jusqu'à présent bénéficier d'une seule heure supplémentaire de temps libre. Dans des circonstances plus favorables, elles ne serviraient qu'à économiser la main-d'œuvre : chacun y gagnerait d'énormes quantités de loisir, le gâchis dû au luxe superflu serait éliminé, il n'y aurait plus lieu d'enrôler des hommes au service de la guerre commerciale.

Je puis dire que le loisir ne cause aucun tort à ceux qui en disposent, mais au contraire leur permet de participer directement au bien-être collectif, par la pratique d'arts ou d'occupations qui stimulent les mains ou le cerveau et qui procurent du plaisir à de nombreux citoyens. En d'autres termes, une grande partie du meilleur travail se ferait pendant le temps libre d'hommes que n'étreint plus l'angoisse de gagner leur pain, enthousiasmés à l'idée d'exercer leurs dons particuliers, comme tous les hommes, d'ailleurs, et même comme tous les animaux.

Grâce à tout ce temps libre, je pourrais par exemple me faire plaisir et développer mon esprit par le voyage, si telle est mon envie. Disons que je suis cordonnier. Une fois établi l'ordre social que nous méritons, rien ne m'obligerait à fabriquer mes chaussures dans un seul lieu, toujours le même ; par des dispositions qui ne seraient pas difficiles à prendre, je pourrais aller les fabriquer à Rome, par exemple, pendant trois mois, et revenir la tête pleine de nouvelles idées sur l'architecture, nées de l'observation des œuvres des siècles passés et qui pourraient être de quelque utilité pour Londres.

Cependant, afin que mon loisir ne dégénère pas en oisiveté et en désœuvrement, il me faut revendiquer la possibilité de travailler. Selon moi, rien n'est plus important que cette exigence, et vous ne m'en voudrez pas si je m'étends là-dessus quelques instants. Je viens de dire que je devrais sans doute profiter de mes heures de loisir pour faire ce qui, aujourd'hui, s'appellerait du travail. Il va sans dire, toutefois, qu'en tant que membre d'une collectivité socialiste, il me faudra faire ma part de travaux moins agréables – faire ma part, c'est-à-dire, faire ce que mes capacités me permettent. Il ne saurait être question de s'allonger sur le lit de Procuste. Cette part de travail est essentielle à la survie de la société la plus élémentaire, mais il n'en demeure pas moins qu'elle doit être raisonnable, et qu'elle doit correspondre à ce que tout bon citoyen juge nécessaire. En tant que membre de la société, je dois accepter de le faire.

Je vais donner deux exemples particulièrement éloquents du cas contraire. Je refuserai toujours que l'on m'oblige à porter l'habit rouge et à marcher au pas pour aller tirer sur mes amis français, allemands ou arabes, pour régler un différend auquel je ne comprends rien. Je m'insurgerai plutôt. De même, je refuserai toujours de perdre mon temps à fabriquer quelque colifichet insignifiant, dont je sais très bien que seul un imbécile pourrait le désirer. Je m'insurgerai plutôt.

Dans une société bien ordonnée, je n'aurai jamais à m'insurger de la sorte contre des charges aussi déraisonnables. Mais je suis bien obligé de parler de comment nous vivons, pour pouvoir parler de comment nous pourrions vivre.

Si le travail à faire est nécessaire et raisonnable, et s'il est de nature mécanique, il est normal que je fasse appel à une machine pour m'aider. Il ne s'agit pas de dévaluer mon travail, mais de faire en sorte que je puisse passer aussi peu de temps que possible à le faire et que je puisse occuper mon esprit à réfléchir pendant que je surveille ma machine. Si par ailleurs ce travail est particulièrement dur ou épuisant, vous conviendrez avec moi qu'il est juste que d'autres personnes le fassent avec moi, à tour de rôle. On ne peut pas me demander, par exemple, de passer toutes mes heures de veille au fond d'une mine de charbon. Ces besognes ne devraient être faites que de façon volontaire, et seulement sur de courtes périodes. Et ce qui vaut pour tout travail un peu dur vaut aussi pour tout travail répugnant. Par contre, je verrais d'un très mauvais œil qu'un homme costaud, en bonne santé, ne trouve quelque plaisir à une tâche physique – mais je suppose pour cela que cette tâche s'accomplisse dans les conditions que je viens de décrire : il s'agit d'un travail utile (et par conséquent estimé) et circonscrit, qu'on ne fait pas par désespoir mais parce qu'on le veut bien.

Enfin, ma dernière revendication est de pouvoir travailler dans des lieux, usines ou ateliers, tout aussi agréables que les champs où se fait le plus important de tous les travaux. Vous pouvez m'en croire, il n'existe aucune raison de s'en priver, si ce n'est l'obligation de maximiser les profits. Je veux dire que l'on maintient au plus bas le prix des marchandises en forçant les ouvriers à travailler dans ces antres surpeuplés, malsains, sordides et bruyants, ce qui revient à dire que l'on baisse les prix aux dépens de la santé des travailleurs.

En fait, voici ce qu'il adviendra de ma prétention au travail *nécessaire*, comme un tribut à payer à la collectivité. Je crois que les gens découvriront, au fur et à mesure qu'ils progresseront dans l'ordre social, qu'une vie bien organisée coûte bien moins cher que nous ne pourrions le concevoir aujourd'hui, et qu'après quelque temps ils auront envie de travailler et ne chercheront pas à s'y soustraire. De grands groupes joyeux, des hommes et des femmes, des jeunes et des vieux, s'amuseront en travaillant : tout le contraire de la lassitude bougonne qui est notre lot actuellement. Alors viendrait enfin la grande renaissance de l'art, dont on a tant parlé et que l'on a toujours remise aux calendes grecques. La joie et le plaisir de travailler transparaîtraient dans le travail de chacun, et chacun voudrait les exprimer dans une forme tangible et plus ou moins permanente. L'atelier redeviendrait enfin une école d'art, à l'influence de laquelle personne n'échapperait.

Ce mot d'art me ramène à ma dernière revendication, selon laquelle le milieu où je vis devrait être agréable, généreux et harmonieux. Je sais qu'il s'agit d'une revendication difficile à satisfaire, mais si elle devait s'avérer inatteignable, si aucune société ne peut offrir un tel environnement à tous ses membres, personnellement, je ne tiens pas à voir le monde continuer à exister. L'homme n'aura vécu que pour souffrir. Dans les circonstances actuelles, j'espère que vous comprendrez toute l'importance capitale de ce que j'affirme. Un jour viendra, j'en suis sûr, où les hommes auront peine à croire qu'une société aussi riche que la nôtre, capable de dominer la Nature avec tant d'aisance, ait jamais pu se soumettre à une existence aussi malheureuse, aussi piètre, aussi crasseuse.

Je le répète une fois pour toutes, rien ne nous y oblige, sinon notre soif inextinguible de profit. C'est le profit qui attire les hommes dans ces immenses, anarchiques agglomérats que nous appelons des villes ; c'est le profit qui les y fait s'entasser dans des quartiers où l'on ne trouve ni jardins, ni espace ; c'est le profit qui empêche de prendre les plus élémentaires précautions afin d'éviter que des régions entières suffoquent sous des nuages de vapeurs sulfureuses ; qui transforme de jolies rivières en égouts infects ; qui condamne tous les hommes, à part quelques riches, à habiter des taudis invraisemblablement exigus et surpeuplés dans le meilleur des cas, effroyablement misérables dans le pire.

Il me paraît impensable que nous puissions nous accommoder de tant de stupidité et de grossièreté, et j'ajoute que rien ne nous y autorise. Je n'accepterai pas que les ouvriers se convainquent eux-mêmes de n'être que des pièces de la machine à fabriquer des profits. Je n'accepterai pas qu'ils se convainquent que de plus grands profits représentent pour eux des emplois assurés et des salaires élevés, et que par conséquent la sordidité, le chaos et le délabrement prodigieux de la civilisation moderne sont les signes de leur prospérité, alors qu'ils sont précisément les signes de leur esclavage. Quand ils ne seront plus esclaves, il leur semblera évident d'exiger que chaque homme et chaque famille reçoive un logement généreux, que chaque enfant puisse jouer dans un jardin près de chez ses parents, que les maisons bien tenues et soignées embellissent la Nature plutôt que de la défigurer. Il va de soi, en effet, que d'un soin et d'une propreté convenables découlera nécessairement la beauté des immeubles. Tout ceci, bien entendu, suppose que les gens, c'est-à-dire la société tout entière, dûment organisés, tiennent en leurs mains propres les moyens de production, car ceux-ci ne peuvent *appartenir* à aucun individu, mais doivent impérativement pouvoir être utilisés au gré des besoins. Sinon, les gens se plieront de nouveau à l'exigence d'accumuler des richesses personnelles, et donc recommenceront à gaspiller les biens collectifs, perpétueront la division en classes, continueront la guerre et le gâchis dont nous avons déjà parlé.

Quant à la question de savoir s'il est nécessaire ou même désirable, dans l'ordre social, de vivre en commun, nos opinions peuvent varier selon nos attitudes respectives. Pour ma part, je ne vois pas ce qu'il y a d'éprouvant à manger en présence des personnes avec qui nous travaillons. En outre, je suis convaincu qu'il sera préférable, pour nombre de choses, comme les livres rares, les peintures, et la beauté de notre cadre de vie, de rassembler nos ressources. Je suis souvent dégoûté par la bêtise des terriers stupides et mesquins, que se font contruire les riches à Bayswater ou ailleurs, mais je me console en imaginant les nobles salles communautaires de l'avenir, de construction généreuse, aux remarquables ornements, emplies des plus nobles pensées de notre temps et du passé, concrétisations du plus bel art qu'un peuple libre et viril puisse concevoir. Aucune entreprise privée ne pourrait s'approcher de la beauté et de la justesse d'une si humaine résidence, car seule la pensée collective et seule la vie collective peuvent couver les aspirations et laisser éclore toutes leurs beautés, elles seules ont la capacité et l'envie de leur donner forme. Quant à moi, si je devais lire mes livres et rencontrer mes amis dans un tel lieu, j'y verrais tout à fait le contraire d'une épreuve, et je ne me trouverais guère mieux dans quelque vulgaire maison recouverte de stuc, surchargée de tapisseries qui me font horreur. À tous les points de vue, dire que cette maison m'appartient n'enlève rien au fait qu'elle avilit l'âme et énerve le corps.

Je sais que je ne dis ici rien d'original, mais c'est dans le lieu où je rencontre les gens qui me sont sympathiques, les gens que j'aime, que je suis chez moi.

En tout cas, c'est mon opinion, en tant qu'homme de la bourgeoisie. Un ouvrier préférerait-il que sa famille soit propriétaire d'une petite chambre triste, plutôt que de partager le palais que je viens de décrire ? Je le laisse décider, et je laisse les bourgeois deviner sa réponse, eux qui parviennent parfois à appréhender les conditions de sa vie, privée d'espace et de confort – par exemple, quand ils le voient faire sa lessive.

Avant de quitter la question du cadre de vie, j'aimerais répondre à une possible objection. J'ai dit que les machines pourraient servir à alléger le fardeau des travailleurs, en abrégeant la durée d'un labeur certes nécessaire, mais répétitif et exécrable. Certaines personnes délicates, qui se flattent d'être artistes, qui considèrent les machines comme des objets particulièrement répugnants, prétendront volontiers que le cadre de notre vie ne pourra jamais devenir agréable si nous devons vivre entourés de machines. Je ne suis pas tout à fait d'accord. C'est parce que nous laissons les machines nous dominer plutôt que de nous servir d'elles que la beauté du monde s'en trouve dégradée. En d'autres termes, nous sommes coupables du crime effroyable d'utiliser notre capacité à contrôler les forces de la Nature pour réduire les gens en esclavage, alors même que nous sommes parfaitement indifférents aux malheurs que nous leur causons.

Pour consoler les artistes, toutefois, j'ajouterai qu'à mon sens, dans une société bien ordonnée, le développement de machines à des fins réellement utiles ferait probablement de grands progrès, parce que chacun serait impatient de terminer les travaux nécessaires à la conservation de la société. Bien vite, cependant, ils constateront qu'ils ont surestimé la somme de travail que cela représente. Ils pourront désormais réfléchir à loisir à l'ensemble du problème, et s'il s'avérait qu'au sein d'une industrie particulière, il était possible de rendre l'ouvrage plus agréable aux travailleurs ou plus efficace du point de vue de la production en le faisant à la main, ils se débarrasseront des machines. Ils auront la possibilité de faire ce choix, tandis qu'aujourd'hui, il nous est absolument impossible de le faire. Nous sommes les esclaves du monstre que nous avons créé. Et j'ai le vague espoir que la construction même de machines, dans une société dont le but ultime n'est pas la multiplication du travail, comme c'est le cas aujourd'hui, mais d'assurer à tous une vie agréable comme le voudrait une société ordonnée, la construction même de machines, dis-je, permettra de simplifier la vie et donc de limiter le nombre de machines.

Voilà donc mes revendications pour une vie meilleure. Je vous en fais le résumé : premièrement, un corps sain ; deuxièmement, un esprit actif, en accord avec le passé, le présent et l'avenir ; troisièmement, des occupations dignes d'un corps sain et d'un esprit actif ; quatrièmement, de la beauté dans les lieux où nous vivons.

De tout temps, l'homme raffiné s'est proposé comme but principal de vivre dans ces conditions. Mais on a trop souvent contrecarré ses plans, si bien qu'il a tourné des yeux pleins de désir vers le passé, avant la civilisation, lorsque la seule préoccupation de l'humanité était de se trouver assez à manger pour vivre un jour de plus, lorsque l'espoir demeurait latent en lui, ou du moins qu'il ne lui était pas possible de l'exprimer.

En effet, si, comme beaucoup le croient, la civilisation interdit la réalisation de l'espoir d'atteindre ces conditions de vie, la civilisation interdit alors à l'homme d'être heureux. Si tel est le cas, réprimons donc toute soif de progrès, réprimons même tout sentiment de bienveillance et d'affection que nous ressentons les uns pour les autres. Chacun pour soi ! emparons-nous de tout ce qui nous tombe sous la main dans l'immense amas de richesses que des sots fabriquent pour engraisser des voyous. Encore mieux, trouvons le plus vite possible le moyen de mourir comme des hommes, puisque l'on nous interdit de vivre comme des hommes.

Mais prenons plutôt courage ! Souvenons-nous que nous bénéficions, toute chaotique et douloureuse que soit l'époque dans laquelle nous vivons, de l'héritage merveilleux que nous a transmis le travail de ceux qui nous ont précédés, et croyez que le jour où l'homme commencera à s'organiser arrivera. Nous n'avons pas à construire le nouvel ordre social à partir de rien ; nos ancêtres ont déjà fait presque tout le travail. Nous n'avons qu'à bien ouvrir les yeux et à bien interpréter les signes des temps. Nous verrons alors que de bonnes conditions de vie sont à notre portée, et qu'il nous revient d'étendre la main et de nous en emparer.

Comment ? Surtout, je crois, par l'éducation, pour que les hommes prennent conscience de leurs vraies aptitudes ; pour qu'ils apprennent à utiliser le pouvoir politique qu'on leur abandonne de plus en plus pour améliorer leur propre sort ; pour qu'ils comprennent enfin que le vieux système d'organisation du travail *pour le profit individuel* devient impossible à gérer et que le peuple tout entier doit maintenant choisir entre le désordre qui résulte de la désintégration de ce système et la détermination de prendre en main l'organisation du travail pour le profit et de se servir de cette organisation pour le bien de la collectivité ; pour qu'ils comprennent que les individus profiteurs ne représentent pas une nécessité, mais bien un obstacle au travail, non seulement parce qu'ils sont les perpétuels rentiers de la force ouvrière mais aussi et surtout parce que leur classe ne peut exister sans gaspillage. Tout cela nous devons l'enseigner au peuple, quand nous l'aurons nous-mêmes bien appris. C'est un travail de longue haleine, je le reconnais, et pénible. Comme je le disais au début, les gens, qui craignent plus que tout de manquer de pain, ont si peur du changement que même les plus misérables d'entre eux demeurent impassibles et immobiles. Cependant, quelque pénible que puisse être ce travail, nous en serons certainement amplement dédommagés. Le simple fait qu'un groupe d'hommes, même un petit groupe, a su s'unir pour diffuser le Socialisme démontre que le changement a déjà commencé. Au fur et à mesure que les classes ouvrières, qui forment la seule part vraiment organique de la société, acceptent ces idées, l'espérance naîtra en eux. Ils exigeront que la société change, même si ces exigences ne vont pas dans le sens de leur émancipation directe, parce qu'elles seront formulées dans l'ignorance de la seule revendication nécessaire, celle de l'*égalité de condition*. Mais indirectement, elles contribueront à la désintégration de notre société pourrie et creuse. Ils ne cesseront plus de revendiquer l'égalité de condition, de plus en plus fort, et *il faudra* les écouter, jusqu'à ce qu'enfin nous franchissions la frontière et que le monde civilisé devienne le monde socialisé. Quand alors nous regarderons notre passé, nous nous demanderons comment il est possible que nous ayons pu accepter de vivre aussi longtemps comme nous vivons aujourd'hui.

L'ART DU PEUPLE[1]

> Je voyais l'ouvrier employer toutes ses forces pour gagner le pain pour se soutenir, et, roulant dans un cercle perpétuel de peines et d'inquiétudes, ne travailler que pour vivre et ne vivre que pour travailler, comme si le pain était le seul but d'une existence laborieuse, et l'existence laborieuse le seul moyen d'obtenir du pain.
>
> Daniel DEFOE[2]

Je sais que beaucoup parmi vous se consacrent déjà aux beaux-arts ou ont reçu une éducation artistique, et l'on pourrait s'attendre à ce que je m'adresse à eux tout particulièrement. Mais puisqu'il est certain que nous nous retrouvons

---

1. Conférence donnée devant la *Birmingham Society of Arts and School of Design*, le 19 février 1879 *(N.d.A.)*.
2. *Vie et aventures de Robinson Crusoë*, liv. III, chap. 1 *(N.d.T.)*.

TOUS ici parce que nous partageons les mêmes préoccupations au sujet de ces arts, je préférerais m'adresser à vous TOUS, en tant que représentants du grand public. En effet, j'ai peu à apprendre à ceux d'entre vous qui étudient l'art, peu qui vous serait spécifiquement utile, à tout le moins. Vous travaillez déjà auprès de maîtres compétents – très compétents, ai-je appris avec satisfaction – et au sein d'un système qui vous enseigne tout ce dont vous avez besoin, si toutefois la décision de vous consacrer à l'art était judicieuse – je veux dire par là, si vous aspirez à faire ce qui est bien, et si vous comprenez d'une façon ou d'une autre ce que l'art signifie, ce qui est possible même sans être capable de l'exprimer, et si vous continuez avec fermeté sur la voie que votre intuition vous a engagés à prendre. S'il en va autrement, aucun système, aucun maître ne pourra vous aider à produire une véritable œuvre d'art, quelque modeste qu'elle soit. Ceux d'entre vous qui sont de vrais artistes connaissent d'avance tous les conseils que je pourrais leur donner, et savent qu'ils sont peu nombreux et brefs : suivez la nature ; ne soyez point avares de vos efforts, de votre patience ou de votre courage, pour accomplir les choses difficiles que vous avez entreprises. Je vous ai déjà dit ces choses vingt fois, sans doute, et vingt fois vous vous les êtes dites à vous-mêmes – et je viens de vous les dire une fois de plus, et ni vous, ni moi ne nous sentons ni mieux, ni moins bien, de les avoir entendues. Ces conseils sont justes, ils sont connus, et il est extrêmement difficile de les suivre.

Mais pour ma part, et pour votre part aussi j'espère, je prends l'art très au sérieux, et je ne crois pas qu'il puisse être dissocié des graves questions qui occupent les pensées humaines. Des principes sous-tendent la pratique de l'art, auxquels tout homme sérieux peut et doit réfléchir. Je traiterai ce soir de certains de ces principes, si vous le voulez bien, et je compte bien ainsi m'adresser non seulement à ceux d'entre vous qui s'intéressent consciemment aux arts, mais aussi à tous ceux qui ont songé à ce que les progrès de la civilisation laissent entrevoir de promesses, et aux menaces qu'ils font peser sur nos descendants. Que pouvons-nous espérer, que devons-nous craindre de l'avenir des arts, qui sont nés avec la civilisation et qui mourront lorsqu'elle mourra ? Est-ce que, de notre point de vue, l'époque actuelle, pleine de conflits, de doutes et de changements, prépare un avenir meilleur, un changement complet, grâce auquel les conflits se seront apaisés et les doutes se seront dissipés ? Voilà en effet une grave question, et qui intéressera tous les hommes réfléchis.

J'ai peur que vous pensiez que je serai dépassé par un sujet si grave, d'une importance universelle, et que je n'eusse même jamais dû oser l'aborder. Toutefois, je me considère moi-même comme l'héritier de bien meilleurs hommes que moi, dont je partage les espérances et les craintes. En outre, je me sens d'autant plus autorisé à dire toute ma pensée sur cette question que je me trouve ce soir dans une ville où, plus que nulle part ailleurs, les hommes ne se contentent pas de vivre pour eux-mêmes et dans l'instant présent, et reconnaissent que leur devoir est d'être à l'affût du nouveau sous toutes ses formes, afin d'aider la vérité qui peut s'y cacher et de recevoir en retour quelque bienfait. Je ne puis pas non plus oublier que vous m'avez fait l'honneur de me nommer, l'année dernière, président de votre *Society of Arts*, que vous m'avez encore fait l'honneur de m'inviter à parler ce soir ; par conséquent, j'aurais l'impression de manquer à mon devoir si je ne disais pas franchement, au mieux de mes capacités, ce qui me semble pouvoir vous être un tant soit peu utile. En réalité, nous sommes ici entre amis et je sais que vous me pardonnerez si je m'exprime un peu brusquement, et que vous n'apprécieriez guère que je ne dise pas toute la vérité.

Le but de votre *Society and School of Arts* est, si j'ai bien compris, de contribuer à l'avancement des arts par l'éducation générale. Ce but est bien noble, et tout à fait digne de votre grande ville. Mais puisque Birmingham a aussi la réputation — et je m'en réjouis — de ne pas se laisser duper et de voir les choses pour ce qu'elles sont, il me semble que vous devriez voir et comprendre avec lucidité la nature exacte de ce que vous avez entrepris pour les faire avancer, et voir et comprendre si vous vous en préoccupez vraiment ou si vous y consentez paresseusement. Si, autrement dit, vous y adhérez de tout votre cœur et de toute votre âme, en accord avec votre volonté (ou au contraire malgré elle), ou si vous avez simplement entendu dire que cela serait bien si quelqu'un voulait s'en charger.

Cette question que je vous pose vous surprend peut-être, mais laissez-moi vous donner mes raisons. Il en est parmi nous qui aiment l'art avec ferveur, et même avec une grande loyauté, et qui savent qu'un tel amour est devenu bien rare. C'est un fait qui saute aux yeux : en dehors de cette vaste masse de personnes, de ces pauvres gens dont les vies et les pensées sont sordides et brutales, et à qui le destin n'a pas permis de choisir une autre situation, il y a des hommes de principes, sérieux et cultivés, qui croient en leur for intérieur que les arts ne sont que les conséquences fortuites de la civilisation, quand ils ne les considèrent pas comme des fléaux, des maladies, des obstacles au progrès. Cela s'explique sûrement, je n'en doute pas, par le fait que leurs pensées se portent sur d'autres sujets. Ils s'absorbent ARTISTIQUEMENT, si je puis dire, dans l'étude de la science, de la politique ou de tout autre sujet, si bien que ces labeurs difficiles et louables ont fini par leur rétrécir l'esprit. Mais ces hommes sont peu nombreux ; comment expliquer alors que tant de gens considèrent l'art comme une frivolité ?

Que s'est-il passé ? Qu'avons-nous bien pu faire pour que les arts, jadis sources de gloire, ne soient plus désormais qu'objets de dérision ?

Cette question n'est pas à prendre à la légère car, pour parler sans détour, la plupart des chefs de la pensée moderne détestent les arts et leur vouent une haine sincère et tenace. Or, vous le savez aussi bien que moi, ainsi vont les chefs, ainsi va le peuple. Par conséquent, nous nous trompons et nous perdons notre temps, nous qui nous sommes réunis ici ce soir dans le but de contribuer à l'avancement des arts par une éducation rendue accessible à tous. Notre opinion s'alignera un jour sur celle de nos dirigeants, ou nous devrons nous contenter d'appartenir à une minorité, persuadés d'être dans le vrai – comme cela est parfois le cas des minorités –, persuadés que ces hommes probes, et la foule des hommes civilisés avec eux, sont aveuglés par des circonstances fâcheuses.

J'espère que nous sommes dans cette dernière situation, celle de la minorité qui a raison. J'espère que nous savons avec la plus grande certitude que les arts, que nous voulons servir, sont essentiels à la vie de l'homme, ou alors le progrès de la civilisation ressemble à une roue qui tourne dans le vide et qui ne sert à rien.

Ainsi notre position nous impose un devoir, celui de transformer notre minorité en majorité. Comment faire ?

Nous pourrions peut-être expliquer cette chose que nous aimons à ces hommes réfléchis et à la foule innombrable dont ils sont la fine fleur, leur dire qu'elle est le pain dont nous nous nourrissons, l'air que nous respirons, leur faire comprendre qu'ils n'y connaissent rien, que le seul sentiment qu'elle leur inspire est celui d'une vague répulsion instinctive : ainsi aurons-nous planté le germe de notre victoire future. Cela peut paraître improbable. Pourtant, si nous méditons quelques chapitres de l'histoire antique ou médiévale, nous verrons que le succès de cette méthode n'est pas tout à fait impossible. Choisissons par exemple au hasard un siècle de l'histoire de l'empire byzantin. Ennuyons-nous à apprendre les noms des pédants, des tyrans, des percepteurs d'impôts, tous ces escrocs à qui l'effroyable chaîne forgée par Rome depuis longtemps disparue permettait de se croire puissants et nécessaires à la marche du monde. Observons les pays qu'ils gouvernaient, lisons – et oublions aussitôt – la longue liste de meurtres inutiles perpétrés par les Sarrasins et les hommes du Nord, tous des pirates et des bandits, les uns comme les autres. Voilà à peu de choses près tout ce que les récits de cette période nous auront laissé : les méfaits et la langueur stupide de rois et de gredins. Devons-nous simplement nous en détourner, en disant : époque maléfique ? Comment les hommes vivaient-ils au quotidien ? Comment est-il possible que l'Europe ait pu accéder de là à l'intelligence et à la liberté ? On dirait bien que d'autres hommes ont vécu que ceux dont l'histoire (ou ce que l'on appelle ainsi) nous a laissé les noms et les gestes. Ceux-là, simples ressources servant à remplir les coffres du fisc, simples marchandises du marché aux esclaves, ceux-là, nous les désignons par le terme de « peuple », et nous savons qu'ils travaillaient pendant tous ces événements. Nous savons aussi que leur travail n'était pas le dur labeur des esclaves, que l'on nourrissait en versant leur bouillie dans une auge, que l'on payait à coups de fouet ; l'histoire (ou ce que l'on appelle ainsi) a pu les oublier, leurs œuvres demeurent, et ils ont créé grâce à elles une autre histoire : l'histoire de l'art. Pas une seule ville d'Orient ou d'Occident qui ne conserve quelque témoignage de leurs souffrances, de leurs joies et de leurs espoirs. D'Ispahan au Northumberland, pas un seul édifice construit entre le septième et le dix-septième siècle qui ne conserve la trace de la foule opprimée et méconnue. Pas un homme pour oser s'élever au-dessus de ses concitoyens : pas de Platon, pas de Shakespeare, pas de Michel-Ange parmi eux. Et pourtant, disséminée de-ci de-là, leur pensée vit, elle est forte, elle a traversé les siècles et les pays !

Il en fut toujours ainsi autrefois, quand l'art était vigoureux et en plein essor. Que saurions-nous de ces époques révolues, si nous n'avions encore leurs œuvres d'art ? L'histoire (ou ce que l'on appelle ainsi) se souvient des rois et des guerriers, parce que ces hommes détruisent ; l'art se souvient du peuple, parce que le peuple construit.

Je crois donc que notre connaissance de la vie du passé devrait nous guider dans nos discussions avec ces hommes honnêtes et bornés, qui désirent plus que tout le progrès de l'humanité mais dont les esprits s'atrophient pour ainsi dire lorsqu'ils s'efforcent de réfléchir aux arts. Nous pourrons peut-être leur parler en ces termes : que ferons-nous lorsque nous aurons obtenu (vous et moi) tout ce que nous souhaitons ? Ce grand changement auquel nous travaillons tous, chacun à sa façon, viendra comme il vient toujours, tout doucement, sans faire de bruit, et il se sera installé bien avant que nous l'ayons senti approcher. Mais supposons un instant qu'il vienne au contraire tout d'un coup, de façon spectaculaire, reconnu et salué par tous les hommes raisonnables. Nous devons nous préparer, de crainte qu'une corruption nouvelle s'instaure et que les déplorables conditions de travail qui existaient auparavant se remettent en place. Alors que la foule se disperse et s'éloigne de ce mât au sommet duquel le nouvel étendard vient tout juste d'être hissé, alors qu'à nos oreilles retentissent encore les éclats des trompettes des hérauts qui viennent de proclamer le nouvel ordre, je me pose cette question : que pouvons-nous faire ? Que DEVONS-nous faire ?

À quoi est-ce que cela a servi, de transformer le travail ?

Comment pouvons-nous encore l'agrémenter, maintenant que notre société se fonde sur la liberté et la raison ? Les travaux pénibles sont nécessaires, certes, mais doivent-ils forcément être pénibles ? Nous pouvons réduire autant que possible les heures consacrées au travail, et augmenter d'autant les heures de repos, si bien que les hommes disposeront de plus de loisirs qu'ils n'en avaient jamais osé espérer autrefois – et ensuite ? Que feront-ils de leurs loisirs, s'ils sont convaincus que tout travail est ennuyeux ? Ils dormiront ? Sans doute, et pour ne jamais se réveiller, j'espère, s'il devait en être ainsi.

Que faire, alors ? Que peuvent pour nous ces travaux dits nécessaires ?

Ces questions, tous les hommes devront se les poser quand viendra ce jour où les injustices auront été réparées, quand il n'existera plus de classe avilie que l'on force à abattre toutes les besognes les plus immondes. Et si les esprits des hommes sont toujours aussi étroits, et s'ils détestent les arts toujours autant, ils seront incapables de répondre à ces questions.

Jadis les hommes devaient supporter d'intolérables tyrannies, et l'on se demande comment ils ont pu vivre une seule journée parmi ces violences et ces terreurs immenses ; mais souvenons-nous que, tout comme aujourd'hui, la majeure partie de leur vie était consacrée au travail, et que ce travail quotidien était adouci par la création quotidienne d'œuvres d'art. Pourquoi nos vies seraient-elles plus ennuyeuses que la leur, alors que nous nous sommes libérés de ces maux qui les opprimaient ? Pourquoi les hommes, qui ont secoué le joug de tant de tyrannies, s'enchaîneraient-ils à une nouvelle, pourquoi deviendraient-ils les esclaves de la nature, pourquoi se condamneraient-ils à ces tâches fastidieuses et inutiles, jour après jour ? Cela devra-t-il continuer ainsi, allant de mal en pis, jusqu'à cette fin inéluctable : l'humanité, parvenue à maturité, ses adversaires vaincus gisant autour d'elle, toute chaîne rompue, préférant trimer à jamais dans une laideur sinistre ? Nos espoirs s'étant révélés faux, dans quels abîmes de désespoir sombrerons-nous alors ?

En vérité, il ne peut en être ainsi. Mais si cette répulsion maladive à l'égard des arts se perpétue, rien d'autre ne peut arriver. L'amour de la beauté et l'imagination s'éteindront, et avec elles la civilisation. Un jour l'humanité se relèvera de cette maladie, j'en suis persuadé, mais il lui faudra traverser encore bien des tourments avant d'y parvenir, dont certains ressembleront beaucoup aux affres de l'agonie de l'art, et dont d'autres causeront de grands torts aux plus pauvres. C'est en effet le plus souvent la dure nécessité qui, selon moi, impose les changements que subit ce monde, et non ce que l'on appelle la prescience de l'homme, et qui n'est que l'effort que fait un aveugle pour voir.

Cependant, revenons à la question que je vous ai posée tout à l'heure : cette maladie dont nous souffrons, est-ce que la cause s'en trouve en l'art ou en nous-mêmes ? Dans l'abstrait, l'art va très bien, et il ne pourrait en être autrement ; après tout, l'art existe pour le bien de l'humanité – ou alors, nous nous trompons tous. Mais tel qu'il se manifeste de nos jours, l'art se porte plutôt mal. Que ferions-nous tous ici ce soir, si cela n'était pas le cas ? Est-ce que des écoles des arts et métiers ne furent pas fondées un peu partout en Angleterre, il y a une trentaine d'années, justement parce que nous avions constaté que les arts populaires étaient sur le point de disparaître, ou même avaient entièrement disparu ?

Quant à savoir si, depuis, nous avons fait des progrès dans ce pays – je dis bien seulement dans ce pays, et encore ! –, il m'est difficile d'en parler sans risquer d'être désobligeant ou hypocrite. Et pourtant, il me faut en parler. Il y a, certes, apparence de progrès externe, mais je ne sais pas si cela suffit pour nous permettre d'espérer. Le temps nous dira si ce n'est qu'une mode éphémère ou au contraire les premiers signes d'un réel mouvement de masse parmi les hommes civilisés. Mais puisque nous sommes entre amis, je dois parler franchement, je ne puis faire autrement : en disant ces mots, il me semble décrire une réalité trop belle pour être vraie. Pourtant, notre habitude de formuler l'histoire en fonction de notre avenir tout comme en fonction de notre passé est si bien implantée que force est d'avouer que nous sommes aussi aveugles quand nous regardons derrière que quand nous regardons devant : nos regards fixent avec trop d'insistance nos propres vies, nos propres destins. Qui sait ? Tout se passe peut-être mieux que je ne le crois !

Quoi qu'il en soit, réjouissons-nous de nos victoires, et mettons-les vis-à-vis de ces présages plus inquiétants. Ainsi, en Angleterre – et, autant que je sache, en Angleterre seulement –, les artistes peintres sont de plus en plus nombreux, il me semble, et en tous les cas ils sont de plus en plus consciencieux. Certains d'entre eux, et cela est particulièrement vrai en Angleterre, ont développé et su exprimer un véritable sentiment de la beauté, et l'on n'avait rien vu de tel depuis plus de trois cents ans. Voilà certainement une grande victoire, dont on ne saurait surestimer la portée, à la fois pour les peintres eux-mêmes et pour ceux qui apprécient leurs œuvres.

En outre, en Angleterre, et seulement en Angleterre, l'architecture et tous les arts qui en dépendent se sont grandement améliorés.

C'était d'ailleurs précisément la tâche des écoles dont j'ai parlé que de préserver et d'encourager ces arts. Les avantages obtenus par les utilisateurs de ces œuvres sont considérables, même si je crains que les artistes eux-mêmes n'en aient que peu bénéficié.

Cela me navre, mais il nous faut maintenant opposer à ces victoires ce fait difficile à expliquer : le reste du monde civilisé (ou ce que l'on appelle ainsi) n'a fait aucun, ou pratiquement aucun progrès en la matière. Du reste, chez nous, ces progrès ont touché relativement peu de gens, et la quasi-totalité de notre peuple n'en a pas du tout été affectée, de sorte que notre architecture – l'art qui dépend le plus des goûts du grand public – empire de jour en jour. Avant d'aller plus loin, il me faut mentionner une autre source de découragement. Vous êtes nombreux, je n'en doute pas, à vous souvenir avec quel enthousiasme les promoteurs du mouvement qui a mené, entre autres, à la création de nos écoles d'art, ont attiré l'attention des dessinateurs et des tapissiers sur les magnifiques œuvres venues d'Orient. Leur jugement n'aurait pas pu être plus sûr, car l'art qu'ils nous ont fait connaître est tout à la fois beau, ordonné, toujours vivant et, surtout, populaire. Cependant, une des conséquences désastreuses de la maladie de la civilisation est que cet art est en train de disparaître à vue d'œil, car il est incapable de résister aux avancées de la conquête occidentale et du commerce. Tandis que nous nous réunissons ici, à Birmingham, pour travailler ensemble à la propagation de l'éducation artistique, des Anglais qui manquent de sagacité font de grands efforts pour détruire en Inde les sources mêmes de cette éducation ; l'on néglige tous les fameux arts séculaires de la grande péninsule, la joaillerie, l'orfèvrerie, le tissage des calicots et des brocarts, la fabrication des tapis ; comme s'ils étaient des objets dérisoires, on les remplace sans le moindre état d'âme par la misérable camelote du soi-disant commerce. Tout ce savoir-faire aura bientôt disparu. Quelques-uns parmi vous ont peut-être vu les dons offerts par les princes indigènes au prince de Galles à l'occasion de son voyage en Inde ; j'ai moi-même pu les voir, et si je ne peux pas dire que je fus déçu — car j'avais deviné, en quelque sorte, leur nature —, je fus affligé de constater que parmi tous ces trésors, toutes ces choses précieuses offertes en cadeaux, on ne trouvait que de loin en loin un objet qui rappelât vaguement l'ancienne prééminence de ce berceau des arts décoratifs. À vrai dire, par moments l'on aurait voulu rire, si la pitoyable naïveté avec laquelle cette race conquise avait copié la grossière vacuité de ses seigneurs n'avait plutôt donné envie de pleurer. Et cette dégradation, je viens de le dire, nous sommes actuellement engagés de toute notre énergie à la précipiter. J'ai lu un petit livre[1], le guide du pavillon indien de l'Exposition universelle de Paris de l'année dernière, qui mentionne un à un tous les ateliers de l'Inde et la situation dans laquelle ils se trouvent. « Des ateliers d'artisans », diriez-vous volontiers, si tous les ateliers de l'Inde n'étaient, ou n'avaient été des ateliers d'artisans. Le docteur Birdwood, l'auteur, connaît très bien l'Inde ; c'est un homme de science, un amant des arts. Son récit est fort triste, mais je l'avais déjà entendu, comme l'ont entendu tous ceux qui s'intéressent à l'Orient et à ses productions. Partout les races conquises cèdent au désespoir et abandonnent la pratique authentique de leurs propres arts, et nous savons et avons proclamé haut et fort que ces arts se fondent sur les principes les plus vrais et les plus conformes à la nature. L'excellence de ces arts, dont les mérites ont souvent été loués, est le fruit de plusieurs siècles d'activité et de perfectionnements, mais les races conquises s'en sont débarrassées, les jugeant désormais sans valeur, et préfèrent se modeler sur l'art inférieur, ou plutôt sur l'absence d'art de leurs conquérants. Dans certaines régions du pays, les arts authentiques ont déjà disparu ; dans plusieurs autres, ils sont sur le point de disparaître ;

---

1. Qui a depuis été incorporé au *Handbook of Indian Art*, du docteur (et depuis sir George) Birdwood, publié par le Science and Art Department *(N.d.A.)*.

partout, la même maladie a commencé à se propager. Cela est tellement vrai que depuis déjà assez longtemps le gouvernement encourage cette détérioration. À titre d'exemple, le gouvernement, sans doute armé des meilleures intentions et certainement en accord complet avec le public anglais (ici ou en Inde), fait fabriquer des tapis indiens de piètre qualité dans les prisons indiennes. Je ne veux pas dire qu'il est mauvais de produire de vrais objets, et de vrais objets d'art, dans les prisons. Cela me semble au contraire une excellente idée, si elle est mise en œuvre avec soin. Mais dans le cas actuel, le gouvernement, en accord complet, je le répète, avec le public anglais, a décidé de vendre ces produits à vil prix, sans se préoccuper des effets néfastes que ce choix peut avoir sur la qualité. Ces tapis sont en effet de très mauvaise qualité, vous pouvez en être certains. Mais tout minables qu'ils sont, ils sont fabriqués ainsi parce que tous les produits sont fabriqués de la même manière, partout, dans tous les ateliers de l'Inde. Et voilà où nous en sommes : ces pauvres gens ont désormais perdu leur seule source de fierté, la seule gloire que la conquête avait bien voulu leur laisser. Ces fameux objets d'art, loués avec une telle ferveur par ces mêmes personnes qui, il y a de cela trente ans, se sont efforcées de préserver et de restaurer nos propres arts populaires, ne peuvent plus s'acheter dans les marchés à des prix raisonnables ; ils sont devenus aussi précieux que des reliques, et aussi ne peut-on les trouver que dans les musées qui furent établis pour parfaire l'éducation artistique. En un mot, leurs arts sont morts, et c'est le commerce de la civilisation moderne qui les a tués.

Ce qui se passe en Inde a lieu aussi, dans une plus ou moins large mesure, partout en Orient. Je me suis concentré sur l'Inde parce que je ne peux pas m'empêcher de penser que nous sommes directement responsables de sa situation. Le hasard a fait de nous les souverains de millions et millions d'hommes là-bas. Nous devons absolument faire quelque chose, sinon nous aurons créé des foules désemparées, pour ensuite leur donner des scorpions plutôt que des poissons, et des cailloux plutôt que du pain.

Enfin, puisque les arts d'ici ou de là-bas ne peuvent être réformés tant que les pays qui dominent les civilisations ne retrouvent pas une attitude sage envers eux, revenons à notre réflexion sur la situation des arts chez nous. Et je reprends mon fil en répétant ce que j'ai dit tout à l'heure : bien que la situation des arts se soit en apparence grandement améliorée au cours des dernières années, je crains que les racines de la plante ne soient en mauvais état, et je n'ose crier victoire devant ces bourgeons hivernaux.

Je viens par exemple de vous démontrer que tous ceux qui aiment les arts indiens et orientaux

– et parmi eux l'on peut compter les directeurs des écoles d'art, et de nombreuses personnes appartenant à ce que l'on appelle les gouvernants – ne peuvent rien pour empêcher cette décadence. Le cours tout entier de la civilisation s'oppose à eux, et ils ne peuvent lutter contre une telle force.

Je vais vous donner un autre exemple : nous sommes nombreux à aimer l'architecture, et à croire qu'il est salubre pour le corps et pour l'âme de vivre en des lieux qui sont beaux. Or, vivre dans les grandes villes nous oblige à habiter des maisons qui sont si laides, si inconfortables, que le mépris semble en être l'occupant principal. Le cours de la civilisation est contre nous, et nous ne pouvons pas lutter contre lui.

Troisième exemple : ces artistes dévoués, qui seuls parmi nous brandissent les étendards de la beauté et de la vérité, affrontent pour peindre leurs œuvres des difficultés que nul autre qu'un peintre peut connaître. On découvre dans leurs tableaux des qualités spirituelles dignes des plus grandes époques. Pourtant, il n'y a plus que quelques rares connaisseurs qui peuvent apprécier les œuvres de ces grands hommes, et leurs noms restent absolument inconnus de la foule. La civilisation s'oppose à eux avec tant de force que le peuple les ignore.

Ainsi, prenant tout ceci en compte, je constate que les racines de l'arbre que nous cultivons ne sont pas saines. De fait, je suis persuadé que si tout dans le monde devait s'immobiliser – ce qui, je le reconnais, est impossible –, ces améliorations dont j'ai parlé mèneraient les arts vers une situation qui serait stable, en quelque sorte. Ils s'immobiliseraient peut-être aussi. Cette situation serait celle d'une soi-disant élite, qui ne destinerait les arts qu'à elle-même, qui jugerait nécessaire – obligatoire, même, si ces gens pouvaient supporter les obligations – de mépriser le commun, de se tenir à distance de tout ce pour quoi l'humanité se bat depuis toujours, de repousser tout intrus qui voudrait forcer l'entrée de leur palais des arts. Il serait dommage de se griser de vaines paroles pour dénoncer l'avènement d'un tel mouvement artistique, puisqu'il existe déjà, du moins en théorie. Son slogan, une petite devise qui est loin d'être aussi inoffensive qu'elle n'en a l'air, est bien connu : l'art pour l'art. Sa fin ultime, nous pouvons déjà la prédire : l'art deviendra un jour si raffiné que même les initiés n'auront plus le droit d'y toucher. Les initiés devront alors s'arrêter et cesser toute activité – ce qui n'attristera personne.

En réalité, si j'avais pensé que vous étiez ici pour servir cette idée-là de l'art, je ne serais jamais venu m'exprimer devant vous, et je n'aurais jamais pu vous appeler mes AMIS – même si je n'oserais guère donner le titre d'adversaire à cette faible engeance dont je viens de vous parler.

Ces gens existent pourtant, et si j'ai pris la peine de parler d'eux, c'est parce que les hommes honnêtes et intelligents, enthousiastes à l'idée de contribuer aux progrès de l'humanité mais malheureusement peu sensibles et pour tout dire anti-artistiques, s'imaginent que ces gens-là sont des artistes, que ce qu'ils font est de l'art et que l'art ressemble à ce qu'ils font, et ils s'imaginent que nous, les artisans, ne rêvons que d'une vie tout aussi bornée et tout aussi timorée. Sans cesse je vois cette erreur se reproduire, commise même par des personnes qui, à vrai dire, devraient être plus raisonnables, et je souhaite plus que tout me laver de cette injure, faire comprendre au public que nul n'a moins intérêt que nous à creuser l'abîme entre les classes sociales et encore moins à créer de nouvelles classes supérieures ou de nouvelles classes inférieures – de nouveaux maîtres, de nouveaux esclaves. Nul n'a moins intérêt que nous à cultiver ces « plantes que l'on appelle des hommes » selon des méthodes différentes pour l'un et l'autre, de priver l'un, de donner exagérément à l'autre. Je veux que le public comprenne que l'art auquel nous rêvons est un bien que chacun reçoit en partage, qui peut exalter tous les hommes. En vérité, si nous ne le partageons pas d'ici peu, il ne restera plus rien à partager ; si l'on ne peut exalter l'homme grâce à lui, l'humanité perdra ce peu de hauteur qu'elle avait acquise. En outre, l'art auquel nous rêvons n'est pas un songe vain ; il a existé autrefois, en des temps autrement plus sombres que les nôtres, quand moins de courage, moins de bonté, moins de vérité qu'aujourd'hui habitaient en ce monde ; cet art continuera à exister, quand encore plus de courage, plus de bonté, plus de vérité y habiteront.

Tournons-nous de nouveau brièvement vers le passé, vers l'histoire, si vous le voulez bien. Nous reviendrons ensuite graduellement vers le présent, et je terminerai alors mon allocution. J'ai commencé en disant qu'un des conseils habituels et nécessaires que l'on donne aux étudiants des écoles d'art est d'étudier l'Antiquité. C'est ce que j'ai fait, et je suis sûr que certains d'entre vous l'ont fait aussi, que vous avez flâné, par exemple, dans les galeries de l'admirable musée de South Kensington et que, comme moi, vous vous êtes sentis déborder d'émerveillement et de reconnaissance devant tant de beauté créée par la main de l'homme. Mais songez un instant, s'il vous plaît, à ces œuvres merveilleuses, et dans quelles circonstances elles furent conçues – car, en vérité, ce n'est guère par extravagance ou par exagération que j'emploie ce mot de « merveilleux ». Eh bien, ces œuvres n'étaient à l'époque que des objets d'usage domestique, tout à fait ordinaires. C'est d'ailleurs une des raisons qui expliquent qu'ils soient si rares et d'une si grande valeur : autrefois ils n'étaient point rares, et l'on s'en servait tous les jours sans craindre de les casser ou de les abîmer. Or je les ai déclarés « merveilleux ».

Qui les fabriqua ? Est-ce qu'un grand artiste les conçut ? Un homme cultivé, grassement payé ? Un homme qui, quand il ne travaillait pas, se nourrissait de mets délicats, habitait une maison luxueuse, se vêtait de tissus fins ? Pas le moins du monde. Tout « merveilleux » qu'ils soient, ces objets furent fabriqués par des « hommes du commun » au cours d'une journée normale de travail. Voilà les hommes dont nous célébrons aujourd'hui les créations. Et ce travail, leur était-il pénible ? Les artistes parmi vous savent très bien que cela ne peut tout simplement pas être le cas. Je parie que c'est un sourire de plaisir aux lèvres – et personne ici ne me contredira – qu'ils créèrent ces entrelacs d'une beauté mystérieuse, qu'ils inventèrent ces créatures étranges, et ces oiseaux et ces fleurs qui nous ont nous-mêmes fait sourire au musée de South Kensington. Ces hommes, du moins quand ils travaillaient, n'étaient pas malheureux, et je suppose qu'ils travaillaient presque tous les jours, et presque toute la journée, comme nous.

Et que dire des trésors architecturaux que nous étudions avec tant d'attention ? Quels en sont les chefs-d'œuvre ? Qui les a fabriqués ? Certes, on peut compter parmi eux des cathédrales, des palais royaux, des châteaux, mais les édifices de ce type sont assez peu nombreux. Et s'ils sont souvent d'apparence très noble et inspirent notre respect et notre admiration, leur seule différence réelle avec la petite église grise qui si souvent encore embellit le paysage anglais le plus ordinaire, avec la petite maison grise qui, encore aujourd'hui dans certaines régions, transforme un village anglais en un lieu magnifique et fait rêver les amants du romantisme et de la beauté, leur seule différence en est une d'échelle. Voilà ce qui constitue la part la plus riche de notre trésor architectural : ces maisons où habitent des gens ordinaires, ces églises qu'ils ne remarquent guère et où ils vont prier.

Qui, encore une fois, traça les plans de ces édifices ? Qui les ornementa ? Quelque grand architecte, que l'on a engagé dans le but de les bâtir, et que l'on a protégé avec soin des tracas des gens ordinaires ? Pas le moins du monde. Parfois, c'était le frère d'un laboureur, qui s'était fait moine ; le plus souvent, c'était son autre frère, celui qui est devenu le menuisier du village, ou le forgeron, ou le maçon. Peu importe : c'était un « homme du commun », qui par son labeur quotidien a bâti des œuvres qui émerveillent et font le désespoir des meilleurs architectes d'aujourd'hui, tout « cultivés » qu'ils soient. Et cet homme, détestait-il son travail ? Non, cela est impossible. J'ai vu, comme vous les avez vues aussi, les œuvres de ces hommes, dans quelque village perdu, où très peu d'étrangers se rendent, et d'où les habitants ne sortent pratiquement jamais. Dans ces villages, pourtant, j'ai vu des œuvres délicates, soignées, pleines d'invention, à tel point que l'on ne sait dire comment faire mieux. Je déclare, sans craindre de me contredire moi-même, que l'ingéniosité humaine ne peut créer de telles œuvres si, au cerveau qui les conçoit et à la main qui les fait, ne se joint un troisième élément : le plaisir. Et ces œuvres sont sans nombre. Le trône du grand Plantagenêt, ou celui du grand Valois, ne s'orne pas de sculptures plus délicates que la chaire de ce curé de village ou que le coffre de cette digne matrone, épouse d'un fermier.

Vous voyez, la vie d'autrefois n'était peut-être pas si insupportable. Des massacres, des émeutes n'avaient pas lieu tous les jours, cela est certain, même si, en lisant les livres d'histoire, on peut avoir l'impression qu'ils étaient monnaie courante. Mais tous les jours, le marteau battait l'enclume, et le ciseau caressait la poutre de chêne, et puisque que ces travaux ne peuvent se faire sans une certaine envie de beauté ni un peu de créativité, le bonheur des hommes en résultait.

Ce mot de « bonheur » m'amène au cœur même de ce que je voulais vous dire aujourd'hui, et j'espère que vous l'avez entendu avec le plus grand sérieux. Il représente une idée qui s'éveille et qui est appelée à se répandre dans le monde entier.

Quand j'emploie ce mot, « art », quand je parle du « vrai art », j'entends ce moyen par lequel l'homme exprime le bonheur qu'il éprouve à travailler. Je ne crois pas que l'on puisse être heureux de travailler sans exprimer ce bonheur, et cela est particulièrement vrai lorsque l'on excelle à ce travail. C'est là un des plus doux bienfaits de la nature, car tous les hommes, et même toutes les créatures doivent travailler : le chien adore chasser, le cheval, courir, l'oiseau, voler, et cette idée nous paraît si naturelle que nous nous imaginons volontiers que toute la terre et chacun de ses éléments se réjouissent quand ils accomplissent le travail qui leur a été prescrit. Les poètes le savent, eux qui nous décrivent les prés qui sourient au printemps, le feu qui exulte, le rire infini de la mer.

Depuis quelque temps, l'homme a rejeté ce don universel, mais malgré tout, quand il n'est pas trop inquiet, quand la maladie ne le paralyse pas et que les ennuis ne l'abattent pas trop, il s'efforce de trouver un peu de joie à son travail. Il ne fait pas confiance au repos, qui trop souvent ne suffit pas à le délasser, ni au plaisir, qui se teinte trop souvent de douleur, mais qu'importe ? Le bonheur lui provient en réalité de ce qui l'accompagne toujours : le travail.

Une fois de plus, je demande : est-ce que nous

devrions nous priver de ce don, le premier, le plus naturel des dons faits à l'humanité, et qui nous a tant donné ? En réalité, je crains que nous l'ayons déjà presque entièrement oublié. Quels sémaphores avons-nous pu suivre, pour nous égarer ainsi ! Ou, pour le dire autrement, quelles grandes difficultés avons-nous dû affronter dans notre lutte contre les maux que nous avons vaincus, pour que nous oubliions ainsi le plus grand d'entre eux ! Je n'ose employer un terme moins fort. Si un homme déteste ce qu'il fait, s'il ne peut satisfaire son besoin naturel et légitime de plaisir, le malheur et le manque de respect de soi l'accompagneront pour la quasi-totalité de sa vie. Réfléchissez, je vous en prie, à ce que cela signifie, au désastre que cela entraîne.

J'aurai accompli une belle action ce soir, si je parviens à vous persuader, si je parviens à persuader deux ou trois d'entre vous, que le principal devoir de la civilisation, aujourd'hui, est de faire en sorte que chacun trouve le bonheur dans son travail, de tout faire pour réduire la quantité de travail pénible que chacun doit faire.

Si vous avez des doutes, quoi qu'il arrive, ne vous dissimulez pas derrière le sophisme qui affirme que le travail d'aujourd'hui, dans lequel l'art ne tient aucune place, rend heureux. Pour la grande majorité, cela n'est pas le cas. Il faudrait trop de temps pour vous en faire la démonstration, et pour vous faire comprendre tout à fait que l'art fallacieux qui en est le produit ne donne aucune joie. Je peux toutefois vous donner un exemple de ce travail démoralisant, un exemple particulièrement affreux, qui vous permettra de comprendre en un instant ce que je veux dire. Je vous supplie de croire que le simple fait d'en parler suffit à me faire ressentir une honte absolue – mais comment peut-on espérer guérir, si l'on ne réussit même pas à s'avouer malade ? Mon exemple malheureux est le suivant : le travail du monde civilisé est pour l'essentiel un travail malhonnête. Voyez : force est d'admettre que notre civilisation fabrique certains objets avec une certaine efficacité, des objets que tous savent, consciemment ou inconsciemment, être nécessaires au maintien de notre situation malsaine actuelle. Pour le dire en un mot, ces objets, ce sont les machines. On les utilise dans ce combat pour vendre et acheter que l'on désigne du terme trompeur de commerce ; on les utilise aussi pour tuer avec une violence extrême. On les utilise, autrement dit, dans deux types différents de guerres. De ces deux types, le second est sans nul doute le pire, non pas forcément parce qu'il est plus destructeur, mais parce qu'il commence à blesser la conscience de notre civilisation. Mais pour ce qui est de mener une vie digne, une vie où la confiance, la tolérance et le soutien sont attendus de tous et pour tous, notre civilisation n'offre presque rien, et de moins en moins.

Je me trompe peut-être en affirmant cela. Mais vous savez bien que je ne fais que dire ce que tout le monde pense, et même ce que tout le monde dit. Je vais vous donner un exemple, dans le genre plutôt familier, de cette opinion fort répandue. Vous connaissez peut-être ce livre illustré, que l'on vend dans les librairies des gares, et qui s'intitule *L'Ouvrier britannique, d'un homme qui ne croit pas en lui*[1]. Ce titre et ce livre provoquent en moi simultanément colère et honte, parce qu'ils sont tout à fait injustes et qu'ils sont aussi un tout petit peu véridiques, malgré leurs exagérations et leur ridicule. Il est vrai, et cela m'attriste de le dire, que si l'on engage un jardinier, un menuisier, un maçon, un teinturier, un tisserand, un forgeron, peu importe, pour quelque menu ouvrage, cela sera un coup de chance extrêmement fortuit si le travail est bien fait. Votre ouvrier fera tout en son pouvoir pour échapper à ses obligations, et il ne tiendra aucun compte des droits des autres hommes. Cependant, je ne comprends pas pourquoi l'« ouvrier britannique » devrait être tenu comme seul responsable de cette situation, ou même comme l'un des principaux responsables. Je ne crois pas possible de demander à un très

---

1. Ces illustrations furent d'abord publiées dans la revue *Fun*. *(N.d.A.)*

grand nombre d'hommes de faire un travail qui ne leur donne aucun espoir, aucune joie, sans s'attendre à ce qu'ils tentent d'y échapper. En tous les cas, c'est ce que l'on a toujours fait en ces circonstances. Je sais bien que certains sont si consciencieux qu'ils parviendront à bien faire leur travail, tout ingrat et dénué d'espoir qu'il soit. Ces hommes sont le sel de la terre. Mais il demeure qu'un problème fondamental accable notre société, puisque le travail pousse les uns à un amer héroïsme, les autres, la majorité, à l'évasion, à la plongée à demi-consciente dans l'avilissement et la haine de soi. Nous ne saurions en douter : notre civilisation est si aveugle et si impatiente qu'elle impose ce joug pénible d'une immense charge de travail totalement dépourvu de plaisir, de travail qui épuise tous les muscles du corps et toutes les cellules du cerveau, qui ne mène qu'à l'ennui et au découragement, de travail dont on se débarrasse le plus vite possible, que l'on ne fait de toute façon que de peur d'être ruiné ou de crever de faim.

Je sais ceci aussi bien que je sais que je vis et que je respire : le labeur quotidien fait de façon malhonnête – ce dont chacun se plaint, et selon moi avec raison – n'est que la conséquence naturelle et inévitable de la précipitation avec laquelle se font la guerre des profits des comptables et la guerre sur le champ de bataille. Nous tous, oui, nous avons oublié, alors même que la nature le réclame à cor et à cri, que notre labeur devrait nous rendre heureux et rendre heureux tous les hommes.

Je le répète donc, il est nécessaire pour assurer le progrès de la civilisation que les hommes s'efforcent de réduire, pour un jour l'éliminer complètement, tout travail avilissant.

J'espère que mes propos jusqu'ici ne vous auront pas fait croire que je voulais parler seulement des besognes physiquement dures ou rigoureuses. Je ne m'apitoie guère sur les souffrances des hommes, surtout si elles sont accidentelles – je veux dire, si elles ne sont pas liées de façon indissoluble à une classe ou une condition sociale particulière. Je ne crois pas non plus – on me dirait un fou ou un songe-creux – que notre monde puisse se passer entièrement de travail physique et difficile. Mais j'en sais assez pour savoir que ce travail n'avilit pas nécessairement celui qui le fait. Labourer la terre, lancer le filet, pacager le troupeau, et ainsi de suite : voilà de bien rudes occupations, qui peuvent causer bien des souffrances. Mais si l'on accorde des loisirs suffisants, de l'autonomie et un salaire juste, les meilleurs d'entre nous ne dédaigneront pas de les faire. Et le maçon, le charpentier ? Ce sont des artistes, et leur travail est non seulement nécessaire, il est beau. Si on les laissait faire leur travail comme il devrait être fait, ils seraient heureux. Nous n'avons aucune raison de vouloir nous débarrasser de ces métiers ; ce dont nous ne voulons plus, c'est de ce travail qui consiste à fabriquer des milliers d'objets dont personne ne veut et qui servent de munitions dans cette grande guerre de la concurrence, également appelée, de façon trompeuse, le commerce. Mon cœur et ma raison me disent que ce travail-là est parfaitement inutile. Mais au-delà de ces considérations, le travail qui consiste à produire des choses qui sont utiles et nécessaires doit être réglementé et faire l'objet de réformes, pour qu'il cesse de servir de munition dans la guerre commerciale. Or seul l'art peut amener la mise en place de ces réformes. Si seulement nous pouvions revenir à la raison, si seulement nous pouvions admettre l'impératif de rendre le travail agréable pour tous les hommes et non pour une toute petite minorité – je dis bien, impératif, car autrement l'insatisfaction, l'agitation et le désespoir provoqueront la ruine de toute la société –, si nous pouvions, donc, l'esprit enfin clair, nous résoudre à abandonner ces objets qui ne nous causent que du tort (puisqu'il est injuste et gênant que nous les possédions), alors il me semble que nous préparerions la venue d'un bonheur que le monde n'a encore jamais connu, que nous commencerions à donner aux mots de « repos » et de « contentement » le sens qu'ils auraient toujours dû avoir. Il me semble aussi que nous préparerions l'apparition d'un art véritable, qui serait l'expression du bonheur que l'homme trouve dans son travail – un art du peuple, pour le peuple, qui serait une joie pour l'artisan et pour l'utilisateur.

Il ne peut exister aucune autre sorte d'art, car celui-là seul contribuera au progrès de l'humanité, plutôt que d'y être un obstacle. Et je sais que, dans votre cœur, vous comprenez que je dis la vérité, ceux d'entre vous, du moins, qui ont une sensibilité d'artiste. Je crois que, sur ce point, vous êtes d'accord avec moi, même si vous ne partagez aucune autre de mes opinions. Quant à moi, je suis absolument persuadé que c'est précisément cette idée de l'art que nous voulons défendre, nous tous qui nous sommes réunis ici ce soir, et que nous espérons diffuser aussi loin qu'il est possible.

Bref, je vous ai maintenant dit une bonne part de ce que selon moi nous pouvons espérer et craindre pour l'art, à l'avenir. Et si vous me demandez quels résultats concrets j'entrevois après vous avoir exposé mes opinions, je répondrai sur-le-champ que beaucoup de travail restera à accomplir et que beaucoup d'obstacles resteront à surmonter, même si nous sommes tous parfaitement d'accord, même si vous êtes entièrement convaincus de la validité de mes propos. Malgré toute la prudence, toute la prévoyance, malgré le zèle dont sont capables les meilleurs d'entre nous, nous avancerons probablement souvent à tâtons. À l'heure actuelle, alors que nous devons lutter âprement pour que les idées que nous croyons être vraies (et qui seront un jour acceptées par le grand public) se fassent entendre et remarquer, il est encore bien tôt pour même tenter de discerner la voie que nous devrions suivre. Je suppose que vous direz que je débite des banalités si j'affirme que l'éducation générale, qui apprend aux hommes à penser, leur communiquera un jour de justes notions de l'art. Cette idée est peut-être banale, mais j'y crois, et j'ajouterais même qu'elle me donne espoir, si je songe au fait que notre époque n'est de toute évidence qu'une période de transition, du vieux vers le nouveau. Notre ignorance et notre demi-ignorance nous maintiennent dans un état de confusion par rapport aux restes défraîchis de l'ancien et à la masse informe du nouveau, qui se trouvent l'un et l'autre encore tout juste à portée de main.

Mais si vous insistez pour que je vous donne quelques conseils pratiques, je vais me retrouver dans une position difficile, et je crains de froisser certains d'entre vous, quoi que je dise. C'est qu'il s'agit là d'une question morale, et non une question qui touche à ce que l'on appelle l'art.

Je ne peux cependant oublier que l'on ne saurait distinguer, à mon avis, l'art de la morale, de la politique ou de la religion. Lorsqu'elle touche aux grandes questions fondamentales, la vérité est partout la même, et seul un traité théorique peut se permettre de les séparer et de les différencier. Je me permets aussi de vous rappeler ce que j'ai dit en commençant : c'est peut-être moi qui m'exprime devant vous, quelque faibles et incohérents que soient mes propos, mais en réalité ils sont nombreux, qui me sont bien supérieurs, ceux qui parlent par ma bouche. Certes, quand les choses se seront considérablement améliorées, nous aurons encore besoin d'hommes supérieurs qui pourront nous guider avec sagesse – mais en attendant, alors que nous sommes loin d'en être là, n'importe lequel d'entre nous peut appuyer notre cause, et ainsi vivre et mourir honorablement.

Je vous dirai donc simplement que deux vertus me paraissent essentielles à notre vie moderne, si nous voulons rendre notre existence plus agréable, et je suis absolument certain qu'elles sont nécessaires pour préparer la venue d'un ART DU PEUPLE, POUR LE PEUPLE, QUI EST UNE JOIE POUR L'ARTISAN ET POUR L'UTILISATEUR. Ces deux vertus sont l'honnêteté et la simplicité des mœurs. Pour clarifier mon propos, je vous citerai le vice qui s'oppose à la seconde de ces vertus : le luxe. Et quand je parle d'honnêteté, je veux parler du fait d'accorder à chacun l'attention et la sollicitude qu'il mérite, de refuser de s'enrichir aux dépens d'autrui. Dans mon expérience, cette vertu n'est pas très répandue.

Par contre, je me permets de vous faire remarquer que l'application de l'une de ces vertus dans notre conduite facilite grandement l'application de la seconde. Si nous vivons simplement, il y a peu de chance que la satisfaction de nos besoins nous pousse jusqu'à l'injustice, et si nous accordons à chacun l'attention et la sollicitude qu'il mérite, comment pourrions-nous supporter de nous gratifier nous-mêmes de fastes inutiles ?

Si nous nous efforcions de relever ces classes sociales qui jusqu'à maintenant ont toujours été avilies, et si nous mettions en application ces deux vertus, l'art serait entièrement renouvelé et deviendrait solide et estimable. Si vous êtes riche, la simplicité de vos mœurs vous permettra de combler l'abîme affreux qui existe entre le besoin et le gaspillage, et dont l'existence représente l'un des pires crimes de nos pays civilisés, et elle vous permettra en même temps d'offrir l'exemple et le modèle d'une vie pleine de dignité aux classes que vous souhaitez relever (lesquelles, il est vrai, ont tendance à envier et à vouloir imiter l'oisiveté et l'ostentation des personnes qui possèdent beaucoup d'argent).

De plus, en mettant de côté la question de la morale, dont je dois quand même vous parler, il faut avouer que la simplicité, en art, peut tout aussi bien coûter très cher que ne rien coûter du tout – mais au moins l'art ne gaspille pas. Rien n'est plus nuisible à l'art que son absence. Je ne suis jamais entré dans une maison de riche sans me dire que les neuf dixièmes de ce qui s'y trouvait aurait mérité de finir sur un grand bûcher. À dire vrai, abandonner le luxe ne représentera pas un bien grand sacrifice, car, dans l'opinion commune, ce mot semble signifier un amas de possessions qui ne donnent que des tracas à leur propriétaire, ou alors une série de dépenses somptuaires qui contraignent et embêtent sans cesse l'homme riche. Sans aucun doute, le luxe ne peut exister sans une forme ou une autre d'esclavage, et son abolition sera un grand bienfait, tout comme l'abolition des autres esclavages : les esclaves seront libres, et les maîtres aussi.

Finalement, si, en plus de la simplicité des mœurs, nous parvenons à acquérir l'amour de la justice, tout sera alors prêt pour cette grande renaissance de l'art. Nous qui employons des ouvriers, comment pouvons-nous supporter de les payer moins que ce qui est nécessaire pour vivre dignement, de leur offrir moins de loisir que ce qu'exigent leur éducation et leur dignité ? Nous qui sommes des ouvriers, comment pouvons-nous supporter de ne pas satisfaire toutes les obligations de notre contrat, d'obliger un contremaître à nous surveiller pour s'assurer que nous ne faisons recours à aucune astuce, à aucun artifice déloyaux ? Nous qui sommes des commerçants, comment pouvons-nous supporter de mentir sur nos produits dans le but de rejeter les pertes sur le dos de quelqu'un d'autre ? Nous qui sommes le public, comment pouvons-nous supporter de payer un produit un prix qui causera du souci à l'un, qui provoquera la ruine d'un autre, qui poussera à la misère un troisième ? Ou, pour aller encore plus loin, comment pouvons-nous supporter d'utiliser un objet, comment pouvons-nous en tirer quelque plaisir, si l'on sait que sa fabrication n'a causé que souffrances et chagrins à celui qui l'a fabriqué ?

Et il me semble maintenant avoir dit ce que j'étais venu vous dire. Je l'avoue, je n'ai rien dit de très original, mais vous savez d'expérience qu'il faut répéter les mêmes choses plusieurs fois avant qu'assez de gens ne commencent à les entendre. Que mes paroles, ce soir, comptent donc comme l'une de ces répétitions nécessaires.

Du reste, j'ai la conviction que mes propos, quelque sérieuses que soient les objections que l'on puisse formuler contre eux, s'adressent à un auditoire qui sait que celui qui s'exprime le fait dans un esprit de chaleureuse amitié et à partir d'un sentiment aigu du devoir, et qu'il veut stimuler la pensée et la pousser à se développer. De toute façon, il est bon, quand une idée grave nous habite et nous brûle, de parler publiquement, d'affronter le jugement de ses amis ; les hommes n'en paraissent que moins étranges les uns par rapport aux autres, et l'on peut ainsi éviter les malentendus, qui provoquent tant de querelles inutiles.

Si mes paroles vous ont paru s'abandonner au désespoir, par contre, c'est que je me suis mal exprimé – dites-vous bien que le désespoir m'aurait encouragé à me taire, et non à parler. Je suis en effet plein d'espoir. Toutefois, je serais bien en peine de vous dire quand ces espoirs se réaliseront, ou même si vous et moi serons encore en vie quand ils se réaliseront.

Courage, pourtant, courage ! De merveilleux événements, inattendus, splendides se sont produits au cours de ma brève existence.

Certainement, notre époque est merveilleuse, et recèle en elle le germe de changements qui, en se développant et en se fortifiant par le fait même de se développer, réussiront un jour à améliorer le sort de ces hommes qui peinent à l'ouvrage. Le cœur libre, les yeux sereins, les hommes retrouveront le sentiment de la beauté du monde et ils en éprouveront une grande joie.

Si, entre-temps, vous avez l'impression de traverser des jours sombres — et ils le sont, en effet, à certains points de vue —, ne restez pas assis, inactifs, commes les sots et les gens de qualité, comme si vous vous considériez au-dessus du labeur ordinaire, comme si vous vous laissiez décourager par la confusion ambiante. Travaillons ensemble ainsi que de bons compagnons ; allumons un bout de chandelle et préparons l'atelier où nous travaillerons quand le jour se sera levé. Demain, quand le monde civilisé ne supportera plus l'avarice, les luttes constantes et destructrices, demain se sera développé un art nouveau, un art magnifique, un art du peuple, pour le peuple, qui sera une joie pour l'artisan et pour l'utilisateur.

LES ARTS MINEURS[1]

J'espère avoir le plaisir, à l'occasion d'une prochaine conférence, de vous proposer une vue d'ensemble de l'histoire de ces arts mineurs que l'on appelle aussi arts décoratifs. Je dois vous avouer qu'il m'aurait été bien agréable de commencer ma conversation avec vous en abordant d'emblée l'histoire de ces nobles métiers. Mais puisque j'ai l'intention d'en venir, dans ma troisième conférence, à diverses questions qui touchent à notre pratique actuelle de la décoration, je craindrais de me mettre dans une position délicate face à vous. Je risquerais en effet de vous embrouiller ou de vous entraîner dans des explications infinies, si je ne vous disais pas au préalable ce que je pense de la nature et de l'importance de ces arts, de leur situation actuelle et de leur situation future. Il est fort probable que je dirai, chemin faisant, nombre

---

1. Conférence donnée devant le *Trades' Guild of Learning*, le 4 décembre 1877. *(N.d.A.)*

de choses avec lesquelles vous ne serez pas d'accord. Je vous prie donc, d'entrée de jeu, de croire que je ne suis aucunement enclin à regretter le passé, à exécrer le présent ou à me désespérer de l'avenir ; quand je considère l'histoire, je vois des choses que j'aime, et d'autres que je n'aime pas. Je crois plutôt que tous ces changements, toute cette agitation que nous voyons autour de nous indiquent que le monde vit, que l'humanité finira bien par progresser, quoique par des voies qui nous demeurent encore inconnues.

Quant à la nature et à l'importance de ces arts, je dois encore dire que quand j'aborderai mon sujet avec plus de détails, je ne toucherai pas beaucoup au grand art de l'architecture, et encore moins à ces arts majeurs que l'on nomme généralement la peinture et la sculpture. Néanmoins, je ne peux en toute conscience les séparer tout à fait de ces arts mineurs, dits décoratifs, dont je vais parler. Ce n'est que depuis peu, et du fait de circonstances extrêmement complexes, qu'ils se sont dissociés les uns des autres, et j'ai la conviction que cette séparation ne peut que leur causer du tort. Les arts mineurs deviennent futiles, mécaniques, bêtes, incapables de résister aux changements que leur imposent la mode ou la malhonnêteté ; les arts majeurs, même quand s'y livrent des hommes qui possèdent un intellect supérieur et des dons extraordinaires, perdent, s'ils ne s'entraident pas l'un l'autre, s'ils ne reçoivent pas l'appui des arts mineurs, le titre d'arts populaires et ne deviennent que la triste emphase d'un faste insignifiant ou les jouets ingénieux des riches et des oisifs.

Cependant, je ne suis pas ici pour vous parler de l'architecture, de la sculpture et de la peinture, au sens étroit de ces mots, car ces grands arts, spécifiquement intellectuels, sont à l'heure actuelle tout à fait séparés de tout ce qui a trait à la décoration, dans son sens le plus étroit. Nous nous intéresserons aujourd'hui à tous les arts, ceux grâce auxquels les hommes, de tout temps, se sont efforcés peu ou prou d'embellir les objets familiers de la vie quotidienne. C'est un sujet immense, qui touche à une activité essentielle, à la fois une part intrinsèque de l'histoire du monde et un instrument utile pour étudier cette histoire.

Que ce soit une activité essentielle, cela ne fait pas de doute : elle comprend la menuiserie, la charpenterie, la peinture, tous les œuvres de la construction, tous les métiers de la forge, de la poterie et de la verrerie, le tissage, et tant d'autres encore. Ces arts sont très importants pour tout le monde, et ils le sont encore plus pour nous artisans. Nous fabriquons presque tous les objets dont les gens se servent, et on les juge inachevés si un minimum de décoration n'y a été appliqué. Il est vrai que dans la plupart des cas nous nous sommes habitués à ces ornements, au point qu'ils nous semblent partie intégrante de l'objet, et que nous ne le remarquons pas plus que nous ne remarquons la mousse sur les brindilles avec lesquelles nous allumons nos feux. Tant pis ! car la décoration EST LÀ, ou du moins quelque approximation de décoration, et elle a, ou devrait avoir une utilité et un sens. En effet, tout objet fabriqué de la main de l'homme – et c'est là le cœur du problème – a une forme qui peut être belle, ou qui peut être laide. Il est beau s'il s'accorde avec la Nature et l'assiste ; il est laid s'il s'oppose à la Nature et la contrarie ; il ne peut être que l'un ou l'autre. Quant à nous, nous sommes parfois travailleurs, parfois fainéants, parfois enthousiastes, parfois malheureux, et nos yeux finissent par ne plus voir la qualité de la forme des choses qui s'offrent à notre regard. Or l'une des fonctions principales de la décoration, l'un des principaux éléments de son alliance avec la Nature, est précisément de réveiller nos sens endormis. C'est pour cela que l'on tresse ces merveilleux et délicats entrelacs, que l'on invente ces formes étranges qui depuis toujours enchantent les hommes. Ces formes, ces entrelacs n'imitent pas forcément la nature, mais c'est elle qui guide la main de l'artisan, si bien que le tissu, le vase, le couteau semblent aussi naturels, voire aussi jolis que les champs verts, que les bords d'une rivière, que les cristaux du quartz.

Faire éprouver du plaisir aux utilisateurs d'un objet qu'ils doivent UTILISER, voilà la noble mission de la décoration ; faire éprouver du plaisir à ceux qui doivent FABRIQUER ces objets, voilà sa fonction secondaire.

Notre sujet ne paraît-il pas maintenant de la plus haute importance ? J'affirme que sans ces arts, nos loisirs seraient vides et fastidieux, notre travail ne serait qu'érosion, qu'usure du corps et de l'esprit.

Quant à la seconde fonction de ces arts – faire éprouver du plaisir dans le travail –, je ne saurais en exagérer l'importance. Je ne veux pas trop m'étendre sur cette question, et si je sais que toute vérité vaut la peine d'être répétée, et répétée souvent, il me souvient en outre qu'un grand homme contemporain en a lui aussi déjà parlé. Si vous lisez le chapitre qui s'intitule « De la nature du gothique et du travail de l'ouvrier », dans le second volume des *Pierres de Venise* du professeur John Ruskin, vous lirez les phrases les plus justes et les plus éloquentes que l'on puisse jamais lire sur le sujet. Mes propres propos ne seront qu'un faible écho des siens, mais, encore une fois, il n'est pas inutile de répéter une vérité que l'on ne veut pas oublier. Et j'ajouterai ceci : nous avons souvent entendu dire que le travail était une malédiction, et entendu de grossières et abominables inepties à ce sujet. Les vraies malédictions des artisans sont la malédiction de la stupidité et la malédiction de l'injustice. Quant à moi, je ne peux croire qu'il existe des gens pour estimer qu'une bonne vie, ou une vie amusante, consiste à passer son temps à ne rien faire, les doigts croisés – ce que les sots appellent vivre comme un gentleman.

Bien entendu, IL Y A du travail ennuyeux à faire, et il est lassant de convaincre les hommes de s'y mettre et de le terminer. Mais je préfère faire une corvée deux fois, de mes propres mains, que de jouer au gentleman. Que les arts dont nous parlons embellissent notre travail, qu'ils se répandent largement, qu'ils stimulent l'intelligence, qu'ils soient bien compris par l'artisan et par l'utilisateur, qu'ils deviennent, en un mot, POPULAIRES, et l'esclavage éreintant des travaux ingrats aura pris fin. Il n'y aura plus lieu de parler de la malédiction du travail, et nul homme ne pourra à bon droit se dérober à la bénédiction du travail. Rien ne fera plus pour le progrès du monde que cette conquête, et je déclare ne rien désirer plus ardemment, surtout si elle s'accompagne des changements politiques et sociaux que d'une manière ou d'une autre nous souhaitons tous.

On m'objectera peut-être que ces arts ont longtemps été les fidèles serviteurs du luxe, de la tyrannie et de la superstition. Certes. C'est le cas, comme pour beaucoup d'autres choses excellentes. Mais il est vrai aussi que, au cours de l'histoire de certaines nations, les époques les plus énergiques et les plus libres ont précisément été celles où les arts se sont épanouis. En revanche, et j'en conviens très volontiers, les arts décoratifs ont prospéré aussi chez les peuples opprimés, apparemment privés de tout espoir de liberté. Mais je ne crois pas me tromper en affirmant qu'en ces temps-là, chez ces peuples, l'art, au moins, était libre. Quand il ne l'était pas, quand la superstition et le goût du luxe l'accablaient, il s'est immédiatement étiolé sous l'effet de cette mainmise. D'ailleurs, n'oubliez jamais que quand on dit que tel pape, tel roi ou tel empereur a construit tel ou tel palais, ce n'est qu'une façon de parler. Allez voir dans vos livres d'histoire qui a construit l'abbaye de Westminster, qui a construit Sainte-Sophie à Constantinople ; la réponse sera Henri III, l'empereur Justinien. En réalité, ce sont des hommes comme vous et moi, des ouvriers dont l'histoire a oublié les noms et dont il ne reste que les œuvres.

De plus, tout comme ces arts attirent l'attention générale sur les objets d'usage quotidien et avivent notre intérêt pour eux, ils attirent aussi notre attention, et cela pour moi est primordial, sur notre histoire, dont ils constituent, je l'ai déjà dit, une part intrinsèque. Pas une nation, pas une société, même la plus fruste, qui en soit tout à fait dépourvue. Au contraire, il est de nombreux peuples dont on ne sait strictement rien sinon qu'ils aimaient telle ou telle forme. Le lien entre l'histoire et la décoration est si fort qu'il est pratiquement impossible d'ignorer l'influence du passé lorsque nous décorons aujourd'hui. Ce n'est pas exagérer, il me semble, que d'affirmer qu'aucun homme, si original soit-il, ne peut se mettre à dessiner l'ornementation d'un tissu ou la forme d'un récipient ou d'un meuble, sans faire appel à des formes utilisées depuis des siècles, que ce soit pour les perfectionner ou pour les dégrader. Le plus souvent, d'ailleurs, ces formes ont possédé autrefois un sens précis, même si l'on ne les utilise plus désormais que par simple habitude : elles furent peut-être celles de mystérieux objets de cultes aujourd'hui à demi oubliés, ou tout à fait oubliés. Ceux qui ont entrepris la merveilleuse étude de ces arts peuvent observer, comme à travers une fenêtre, la vie des époques anciennes : les débuts de la pensée, en des nations dont nous ne savons même plus le nom ; les terribles empires de l'Orient antique ; la vigueur libre et glorieuse de la Grèce ; la lourde et solide emprise de Rome ; la chute de son empire temporel, qui répandit partout ses maux et ses bienfaits inoubliables, et dont nous ne cesserons jamais de ressentir l'influence ; la rencontre violente de l'Est et de l'Ouest, du Nord et du Sud, pour se disputer Byzance, sa fille si riche et si féconde ; l'ascension, les dissensions et la décadence de l'Islam ; les errances de la Scandinavie ; les Croisades ; la fondation des États de l'Europe moderne ; les luttes pour l'émancipation de la pensée au sein d'anciens systèmes moribonds.

L'histoire des arts populaires est inextricablement liée à ces événements et à leur signification, et l'étudiant qui s'intéresse aux activités décoratives doit avoir une connaissance approfondie de leur histoire. De nos jours, alors que nous nous passionnons pour l'histoire avec une telle ferveur que nous nous sommes dotés, en quelque sorte, d'un sens nouveau, alors que nous aspirons de tout cœur à connaître la réalité de ce qui est passé et que nous refusons de nous contenter d'ennuyeuses chroniques de batailles et d'intrigues de rois et de gredins, de nos jours, dis-je, les liens entre les arts décoratifs et l'histoire me semblent tout aussi importants que leurs liens avec la vie contemporaine. Cette histoire ne devrait-elle pas faire partie de notre quotidien ?

Permettez-moi de récapituler, si vous le voulez bien, avant d'aller plus loin, avant de nous pencher sur la situation de l'art aujourd'hui. J'ai dit que ces arts appartenaient à un vaste système inventé pour exprimer l'émerveillement de l'homme face à la beauté. Tous les peuples et toutes les époques les ont utilisés. Ils font la joie des nations libres, ils réconfortent les nations opprimées. La religion s'en est servie et les a ennoblis, elle en a mésusé et les a avilis. Ils sont liés à toute l'histoire et peuvent nous l'enseigner. Et surtout, ils adoucissent les peines de l'artisan, qui leur consacre sa vie, et le labeur du peuple tout entier, pour qui chaque jour de travail est passé sous leur influence. Grâce à eux, notre besogne est plus joyeuse, et notre repos plus agréable.

Vous trouvez peut-être que je décerne trop d'éloges à ces arts, et sans discrimination. Cependant, ce n'est pas par hasard que j'ai choisi de m'exprimer ainsi. En effet, il me faut maintenant vous poser les questions suivantes : Voulez-vous toutes ces bonnes choses ? ou les rejetez-vous ?

Ces questions vous étonnent peut-être car, pour la plupart d'entre vous, vous vous consacrez, comme moi, à la pratique de ces arts dits populaires (même s'ils ne le sont pas toujours).

Pour bien m'expliquer, je suis quelque peu dans l'obligation de me répéter. Autrefois, tous reconnaissaient le mystère et le miracle de l'artisanat, et tous les objets fabriqués de la main de l'homme portaient la trace de son imagination et de sa fantaisie. Autrefois, tous les artisans étaient des ARTISTES, et c'est par ce terme que nous devrions les désigner. Mais la pensée de l'homme se compliqua, devint plus difficile à exprimer. L'art devint complexe, et il fallut le diviser entre le travail des grands hommes, celui des moins grands et celui des petits. L'art, qui autrefois ne se distinguait guère du loisir, pour la main qui lançait la navette ou qui brandissait le marteau, devint un travail sérieux, et la vie des hommes ne fut plus qu'une longue tragédie, pleine d'espérance et de crainte, de joie et de peine. L'art grandit, et cette croissance, comme toujours, lui fut un temps bénéfique et le fit prospérer ; puis cette croissance féconde, comme toujours, se transforma en pourriture ; et comme toujours, la pourriture de ce qui fut jadis fécond cèdera la place à la croissance d'un nouvel être.

La pourriture : quand les arts se sont scindés en arts majeurs et arts mineurs, à cause de l'ignorance de la PHILOSOPHIE des arts décoratifs que je viens de vous exposer, le mépris chez celui-là, la négligence chez celui-ci, ont fait leur apparition. L'artiste se déclara supérieur à l'artisan et lui ôta toute espérance de s'élever à son tour ; mais il perdit en retour la possibilité de profiter d'une collaboration industrieuse et intelligente. Tous les deux en souffrirent, l'artiste non moins que l'artisan. Il en va de l'art comme d'un régiment qui investit une place forte : le capitaine se lance à l'assaut, plein d'espoir et de fougue, mais néglige de s'assurer que ses hommes le suivent. Ceux-ci hésitent à aller de l'avant, ne sachant pas pourquoi on leur demande de risquer leur vie. Le capitaine meurt en vain, et ses soldats sont les prisonniers maussades de la forteresse du Malheur et de la Brutalité.

Toutefois, pour parler franchement, le problème des arts décoratifs, entre tous les arts, n'est pas qu'ils sont dans une situation dégradée par rapport à ce qu'ils ont pu être dans le passé, mais qu'ils se trouvent dans un état d'anarchie et de désorganisation qui rend certain et nécessaire un changement radical.

Je pose donc de nouveau mes questions : voulez-vous de tous ces bons fruits que l'art devrait porter, ou les rejetez-vous ? Ce changement radical qui s'approche, sera-t-il bénéfique, ou non ?

Nous qui croyons tous à la continuité du monde, nous ne pouvons qu'espérer que le changement nous sera bénéfique, n'est-ce pas ? Et dans cet esprit nous nous efforcerons de provoquer ce changement.

Mais qui sait comment le monde répondra à mes questions ? La vie de l'homme est courte, et il ne peut pas voir très loin devant lui. Pourtant, dans ma propre vie, des choses merveilleuses et inattendues se sont produites. C'est là que réside mon espérance, et non dans la folle activité autour de nous. Certes, si les arts de l'imagination périssent, autre chose, d'une nature indéfinissable, prendra PEUT-ÊTRE leur place dans la vie des hommes. Mais je ne me réjouis pas de cette perspective, pas plus que je ne crois que les arts puissent disparaître à jamais. Quoi qu'il en soit, la situation actuelle des arts et leur rapport avec la vie moderne me semblent suggérer, du moins en apparence, l'avenir immédiat suivant : puisque depuis longtemps le monde s'occupe de tout autre chose que les arts et les a laissés négligemment décliner de plus en plus, si bien que de nombreux hommes, et pas des plus incultes, ignorant ce qu'ils furent autrefois, ne se doutant pas de ce qu'ils peuvent devenir, ne les considèrent qu'avec le plus grand dédain, puisque le monde, dis-je, s'active et se hâte ainsi, il finira peut-être par jeter l'éponge et se débarrassera de toute cette confusion et de tous ces embêtements avec impatience.

Et après cela, quoi ?

Même au sein de ce Londres sordide, je ne peux m'imaginer à l'heure actuelle ce que cela serait. L'architecture, la sculpture, la peinture, et la foule des arts mineurs qui les accompagne, et la musique et la poésie, morts et oubliés, ne passionneraient ni n'amuseraient plus personne – car ne nous berçons pas d'illusions, la mort d'un art signifie la mort de tous, la seule différence étant que les plus fortunés disparaîtront les derniers – les plus fortunés, ou les moins fortunés. Le génie d'invention de l'homme ne se penchera plus jamais sur la beauté, cependant que la Nature continuera ses éternelles et charmantes successions, le printemps, l'été, l'automne et l'hiver ; le soleil, la pluie et la neige ; la tempête et l'embellie ; l'aube, le midi et le crépuscule ; le jour et la nuit. Toujours elle témoignera du fait que l'homme préfère délibérément la laideur à la beauté, préfère vivre où il se sent fort, même si ce doit être dans un taudis ou sur une plaine vide.

Vous voyez bien, messieurs, que nous ne pouvons pas l'imaginer, pas plus, je suppose, que nos ancêtres, qui vivaient dans ces jolies maisons soigneusement blanchies du vieux Londres, auprès de leur célèbre église dont la flèche s'élevait au-dessus d'eux, qui passaient près de ravissants jardins quand ils descendaient sur les rives du large fleuve, n'auraient pu imaginer toute la région recouverte de bouges dégoûtants, certains très petits, d'autres immenses, et qui est ce que nous appelons aujourd'hui Londres.

Messieurs, je sais que cette disparition totale des arts, que je redoute tant, est difficile à concevoir, même aujourd'hui ; je sais aussi que seul un événement absolument imprévisible pourrait désormais l'empêcher. Quand elle se produira, ce sera pour longtemps, j'en suis certain, mais il en sera comme d'un champ dont le feu consume toutes les mauvaises herbes et qui devient ainsi plus fertile. Les hommes s'éveilleront un jour, j'en suis certain, et ils verront partout l'insupportable grisaille, et ils recommenceront à inventer, à imiter, à imaginer, tout comme autrefois.

Cette certitude me réconforte, et c'est avec calme que j'affirme que si cette disparition doit avoir lieu, elle se produira, et que dans l'obscurité qui en résultera la nouvelle pousse pourra germer. Il en a toujours été ainsi : d'abord la naissance, espérance à peine consciente d'elle-même ; puis la fleur et le fruit, chargés d'espoir, qui deviennent insolence au fur et à mesure que la maturité se change en pourriture – jusqu'à la nouvelle naissance.

En attendant, le devoir de ceux d'entre nous qui prennent les arts au sérieux est de faire tout ce qui est en leur pouvoir pour empêcher ce qui serait, dans le meilleur des cas, une perte universelle, la conséquence de l'ignorance et de la sottise ; de tout faire pour éviter ce qui serait, à vrai dire, le plus affligeant des changements : une brutalité qui disparaît pour faire place à une brutalité nouvelle. Assurément, même si les amateurs des arts étaient trop faibles et trop peu nombreux pour empêcher quoi que ce soit, il leur appartiendrait encore de tâcher de conserver quelques traditions, quelques souvenirs du passé, pour que la nouvelle vie, quand elle viendra, n'ait pas à se dépenser inutilement à inventer des formes entièrement nouvelles.

Vers où, vers qui peuvent donc se tourner ceux qui comprennent toute l'importance de l'art et qui savent que son absence signifie la fin de la paix et de la vie agréable ? Selon moi, ils doivent d'abord reconnaître que l'art ancien, l'art de l'intelligence inconsciente, pourrait-on dire, dont l'origine n'a pas de date et remonte au moins à ces étranges et magnifiques dessins grattés sur des os de mammouths et d'autres animaux, comme ceux que l'on a retrouvés encore récemment dans les moraines – que l'art de l'intelligence inconsciente est pratiquement mort. Ce qu'il en reste agonise chez quelques nations à demi civilisées et devient d'année en année plus grossier, plus faible, moins intelligent, et un banal événement commercial, par exemple l'arrivée d'un bateau chargé d'étoffes venues d'Europe, ou quelques douzaines de commandes de marchands européens, lui donnera peut-être son coup de grâce. Cela, il leur faut le reconnaître pour espérer voir un art nouveau, un art d'intelligence consciente, venir un jour le remplacer. Ainsi naîtront des modes de vie plus sages, plus simples, plus libres que ceux qui existent aujourd'hui, que ceux qui ont jamais existé.

J'ai dit : VOIR cela un jour ; je ne veux pas dire que nous le verrons de nos propres yeux. Son avènement est encore lointain, si lointain en fait que certains jugeront futile de l'envisager. Mais il en est qui refusent de détourner le regard, qui refusent d'abandonner, même si les espoirs paraissent bien minces. Si les signes de la décadence finale du vieil art et de tous les maux qui viendront à la suite abondent autour de nous, il me semble néanmoins que les signes d'une aube nouvelle, qui poindra après cette nuit des arts dont j'ai parlé, ne manquent pas. Un signe en particulier est éloquent : certains sont profondément mécontents de l'état actuel des choses et désirent passionnément une amélioration ou ne serait-ce que la promesse d'une amélioration. Je crois en effet qu'il suffit d'une demi-douzaine d'hommes qui décident sincèrement de poursuivre une idée qui n'est pas en désaccord avec la nature, pour que cette idée vienne à être réalisée. Ce n'est pas par hasard qu'une idée surgit simultanément dans l'esprit de quelques hommes ; une petite chose qui frémit dans le cœur du monde s'impose à eux et les oblige à s'exprimer, à agir, elle qui autrement serait restée sans voix.

Que doivent faire alors ceux qui souhaitent réformer les arts ? Chez qui peuvent-ils tenter de faire jaillir l'étincelle du désir enthousiaste de posséder la beauté ou, encore mieux, du désir de développer la faculté de créer la beauté ?

On me dit souvent : « Si vous voulez que votre art ait du succès et qu'il prospère, vous devez le rendre à la mode. » Cette phrase, je l'avoue, m'agace profondément, car ce qu'elle veut vraiment dire, c'est que je devrais passer, pour chaque jour de travail, deux jours à m'efforcer de convaincre les riches et les gens supposés influents de s'intéresser à des choses qui ne les intéressent pas le moins du monde, afin de redonner son sens à l'expression : « suivre comme des moutons ». Eh bien, tous ces gens avisés ont raison, s'il s'agit de créer une chose éphémère, qui dure par exemple jusqu'à ce qu'on ait gagné un peu d'argent – à condition de ne pas manquer le coche si l'occasion ne dure pas. Mais dans tous les autres cas, ils ont tort : ces gens dont ils parlent sont très occupés, et ils se détournent vite d'une affaire qui leur semble un échec. Il ne vaut pas la peine de se plier à leurs caprices. Ce n'est pas leur faute, ils n'y peuvent rien, mais ils n'ont pas le temps qu'il est nécessaire de consacrer aux arts pour en acquérir une connaissance utile, et ils dépendent donc, par la force des choses, de ceux qui se consacrent à la mode et qui tentent de l'influencer pour leur propre avantage.

Messieurs, il n'y a rien à espérer de ces gens, ou de ceux qui les suivent. Seuls ceux qui les pratiquent peuvent vraiment aider les arts décoratifs. Seuls ceux qui mènent peuvent les aider, et non ceux qui suivent.

Vous dont les mains fabriquent des objets qui devraient être des œuvres d'art, vous devez tous être des artistes, et de bons artistes, car c'est à cette condition que l'intérêt du public sera vraiment avivé. Et en tant qu'artistes, vous déterminerez la mode, je vous en fais la promesse : la mode vous suivra avec la plus grande docilité.

Je ne vois aucun autre moyen de produire un art populaire intelligent. Que peuvent ceux que l'on appelle artistes aujourd'hui, et qui sont si peu nombreux, face aux obstacles que jette sur leur chemin ce qui se nomme le commerce, mais que l'on devrait en vérité appeler la rapacité ? Que peuvent-ils, face à tous ces fabricants – nom ridicule, puisque la majorité d'entre eux n'ont jamais rien fabriqué de leurs mains et ne sont en somme que des capitalistes et des marchands ?

Que peuvent ces grains de sable, face à la montagne d'objets dits décoratifs, produits en masse chaque année, qui n'intéressent personne sinon les vendeurs qui n'ont rien de mieux à offrir et qui affrontent tant de difficultés pour étancher la soif inextinguible du public, lequel préfère la nouveauté à la beauté ?

Je le répète, la solution est simple, si on peut la mettre en application : l'artisan, distancé par l'artiste au moment où les arts se scindèrent, doit maintenant le rejoindre, et ils doivent travailler ensemble. En dépit de la différence entre le grand maître et l'érudit, en dépit des différences naturelles de tempéraments, qui font qu'un homme est un imitateur et un autre un architecte ou un décorateur, il ne devrait pas exister de différence entre ceux qui s'emploient à des travaux strictement ornementaux. Les œuvres de tous les artistes pourraient contribuer à stimuler les fabricants d'objets et à faire d'eux des artistes, à proportion des exigences et de l'utilité des objets qu'ils fabriquent.

Je sais bien que de prodigieuses difficultés, aux niveaux social et économique, sont à aplanir pour parvenir jusque-là ; mais il ne faut non plus s'exagérer la taille de ces difficultés. Et je sais aussi, sans l'ombre d'un doute, qu'aucun art décoratif réellement vivant n'est possible si elles sont insurmontables.

Il n'est pas impossible, en effet, d'y parvenir ; au contraire, nous sommes certains de notre succès, si tant est que tous désirent sincèrement encourager les arts. Si nous pouvions seulement, au bénéfice de la beauté et de la dignité, faire le sacrifice de certaines choses auxquelles nous consacrons tant de temps (et qui, à tout prendre, n'en valent pas du tout la peine), l'art recommencerait à vivre, et une grande part des difficultés dont j'ai parlé s'évanouiraient devant les progrès constants de la condition relative des hommes. Quant aux difficultés qui demeurent, la raison et une attention déterminée aux lois de la nature, qui sont aussi les lois de l'art, les aplaniront petit à petit. Je le dis de nouveau, nous pouvons atteindre ces buts, si nous en avons la volonté.

Toutefois, même en supposant une volonté ferme et une voie dégagée devant nous, il ne nous faudra pas céder au découragement si nous n'avançons tout d'abord qu'à grand-peine, ou pire, si nous avons l'impression de reculer. Il est tout à fait naturel que ces maux qui nous ont obligés à entamer des réformes semblent plus affligeants encore, alors que d'une part la vie et la sagesse ne font que commencer leur travail, et que d'autre part la folie et la mort s'accrochent aux anciennes méthodes.

En ceci comme en tout, il faudra un laps de temps avant que s'établisse l'ordre ; il faudra aussi du courage et de la patience, pour faire toutes ces petites choses qui seront à faire. Il faudra être soigneux, il faudra être vigilant, pour ne pas construire les murs avant d'avoir jeté les fondations. Il faudra enfin, en toutes choses, beaucoup de cette humilité qui ne s'abat point d'un échec, qui désire apprendre et qui veut qu'on lui enseigne.

Nos professeurs seront la Nature et l'Histoire. De la Nature, ce que nous avons à apprendre est évident et je ne crois pas nécessaire d'en parler longuement. Tout à l'heure, quand j'aborderai la question des détails, j'y reviendrai peut-être. Quant à l'Histoire, il n'y a que le plus grand génie qui puisse accomplir quoi que ce soit aujourd'hui sans avoir au préalable étudié l'art ancien, et même ce génie serait bien empêché par son ignorance. Si vous objectez que cela contredit mes affirmations précédentes sur la mort de l'art ancien et sur l'importance d'un art caractéristique de l'époque présente (à laquelle je n'ai fait qu'allusion), je répondrai que notre époque possède d'immenses connaissances mais n'accomplit que très peu, et si nous n'étudions pas directement les œuvres anciennes afin de les comprendre, nous nous laisserons influencer par les maigres accomplissements contemporains, nous copierons les copies des grandes œuvres, SANS les comprendre, ce qui ne peut qu'empêcher la venue d'un art intelligent. Étudions donc diligemment les œuvres du passé, écoutons ce qu'elles ont à nous enseigner, laissons-les éveiller notre enthousiasme. Mais choisissons en même temps de ne pas imiter et de ne pas répéter l'art ancien ; préférons l'absence totale d'art à un art qui ne nous ressemble pas.

Mais j'ai presque envie de m'arrêter car, alors que je vous encourage à étudier la nature et l'histoire de l'art, je me souviens que nous sommes à Londres : comment pourrais-je demander à des artisans de s'intéresser à la beauté, quand ils doivent déambuler dans ces rues hideuses jour après jour ? Si nous faisions de la politique, nous ne nous occuperions que de politique ; si nous étions des savants, nous nous absorberions dans l'étude des faits, sans trop nous préoccuper de notre milieu de vie. Mais la beauté ! Ne concevez-vous point les effroyables difficultés qui assaillent l'art, et qui sont dues au peu d'intérêt qu'on lui accorde depuis si longtemps ? Même la raison est négligée, d'ailleurs. Quelle question compliquée ! Quels efforts, quelle force sont nécessaires pour se débarrasser de ces difficultés, tant et si bien que je me vois forcé d'y renoncer pour l'instant et de me réfugier dans l'espoir qu'étudier l'histoire et ses monuments vous y aide ! Si vous pouvez vraiment vous emplir l'esprit de souvenirs de grands chefs-d'œuvre et de grandes époques de l'art, vous arriverez, j'en ai la conviction, à voir au-delà de la laideur de notre environnement, vous ne pourrez pas vous satisfaire de toute cette négligence et de toute cette brutalité, vous serez fâchés de ces horreurs, j'espère, au point de décider de ne plus supporter la sordidité brutale, irresponsable et aveugle qui enlaidit notre complexe civilisation.

Enfin, Londres a cela de bien, elle est riche en musées. J'aimerais bien que ceux-ci soient ouverts sept jours par semaine et non six, ou du moins qu'ils ne ferment pas le seul jour où l'homme ordinaire, l'honnête contribuable qui les fait vivre, peut les visiter calmement mais, quoi qu'il en soit, ceux d'entre nous qui ont un don pour les arts bénéficieront d'innombrables avantages à les fréquenter. Certes, il est vrai qu'une brève initiation sera nécessaire, si l'on veut que chacun puisse pleinement profiter des prodigieux trésors artistiques que possède notre pays, car l'on n'y voit les choses que par morceaux, sans plan d'ensemble. Et certes, je ne peux nier que les musées sont des lieux mélancoliques, et que les pièces sans prix que l'on y trouve évoquent bien des violences, des destructions et des négligences.

D'un autre côté, vous aurez peut-être parfois l'occasion d'étudier l'art ancien dans un cadre plus étroit, mais aussi plus intime, plus accueillant, en visitant les monuments de notre pays. Je dis parfois seulement, parce que bien peu de grands immeubles existent encore dans notre ville, à l'exception du fantôme de l'église de Westminster, qui fut ruinée à l'extérieur par la bêtise des restaurateurs, et outragée en son glorieux intérieur par les mensonges pompeux des croque-morts, par deux siècles et demi de vanité et d'ignorance. À part cela, et l'incomparable Westminster Hall tout près, presque rien. Mais si nous osons sortir de ce monde enfumé, là-bas, dans la campagne, les œuvres de nos pères vivent toujours, au sein même de la nature qui les a vues naître et à laquelle elles appartiennent si parfaitement. Comme nulle part ailleurs, une affinité complète entre les œuvres des hommes et les terres pour lesquelles elles furent créées existe dans la campagne anglaise, venue de l'époque où ces questions avaient encore quelque importance. Notre pays, petit, trop enserré par ses mers étroites, manque semble-t-il d'espace pour se gonfler jusqu'à devenir colossal. Pas de grands déserts qui écrasent par leur monotonie, pas de vastes forêts solitaires, pas d'effrayants et sauvages remparts de montagnes : tout chez nous est mesuré, mélangé, varié. Un paysage se fond dans le suivant. De petites rivières, de petites plaines ; des plateaux au relief rond et changeant, parsemés de jolis arbres ordonnés ; de petites collines, de petites montagnes, où s'entrecroisent les murets des pâturages des moutons : tout y est petit. Mais rien n'y est sot ou vain. C'est plutôt un pays sérieux, frémissant de sens pour qui veut bien y être attentif. Ce n'est pas une prison, ni un palais, c'est une agréable demeure.

Je ne loue ni ne blâme cet état de fait : je me contente de dire ce qu'il en est. Certains font l'éloge de cette modestie, mais avec trop d'enthousiasme, comme si notre pays était le nombril de la terre. Cela ne m'intéresse pas, cela n'intéresse personne que l'amour-propre et l'orgueil de leurs possessions n'aveuglent pas. D'autres, par contre, méprisent sa domestication, et cela ne m'intéresse pas non plus. Certes, il serait dommage que rien d'autre n'existe en ce monde, pas de merveilles, pas de terreurs, pas d'ineffables splendeurs. Mais si l'on songe au peu de place qu'occupe le pays où nous vivons dans l'histoire du monde entier, passée, présente et à venir, et à la place encore plus petite qu'il occupe dans l'histoire des arts, nous ne pouvons que nous émouvoir de l'attachement de nos ancêtres pour lui et du soin et des peines qu'ils mirent à embellir cette terre d'Angleterre, si morne et si antiromantique. Cela redonne espoir.

Du temps que le peuple se préoccupait encore de ces questions, l'art de ce pays ressemblait à ce pays. Il ne tenait pas à impressionner par son faste ou son ingéniosité ; bien souvent, il se contentait d'être banal, rarement il se haussait jusqu'à la majesté. Mais il n'opprimait jamais, il ne fut jamais le cauchemar de l'esclave, il ne fut jamais vantardise insolente. À son mieux, il était inventif, démontrait une individualité que des styles plus grandioses n'ont jamais surpassée — et ce mieux, il en gratifiait tout aussi volontiers la maison du fermier et l'humble église de village, que le manoir seigneurial ou la puissante cathédrale. Cet art de paysans plutôt que de princes du commerce ou de courtisans, cet art jamais grossier quoique souvent assez indélicat, doux et naturel sans affectation, il faudrait un cœur de pierre pour ne pas l'aimer, que l'on soit né ici, en son sein, ou que l'on soit venu par curiosité, attiré par sa simplicité et la préférant aux gloires d'outre-mer. C'est un art paysan, dis-je, qui s'intègre à la vie des gens et vit avec eux, avec les paysans et les fermiers dans tous les coins du pays, alors même que l'on construit un peu partout des demeures tout en « raffinements à la française ». Il vit aussi encore dans les motifs charmants et désuets produits par les métiers à tisser et les impressions à la planche, et par l'aiguille de la brodeuse, alors qu'à l'étranger un faste imbécile a étouffé la nature et la liberté, et l'art est devenu, particulièrement en France, la banale et éphémère expression des succès de la canaille triomphante.

Cependant l'art anglais, dont l'histoire se voit tout autour de nous, se raréfie d'année en année, victime non seulement de la cupidité destructrice, certes moins virulente qu'autrefois, mais aussi des attaques de cet autre adversaire, qui a pris le nom de « restauration ».

Je ne veux pas parler trop longtemps de ce sujet, mais je ne peux en même temps le passer sous silence, moi qui ai tant insisté sur la nécessité d'étudier les monuments anciens. Pour faire bref, disons que ces vieux bâtiments ont été modifiés et agrandis de siècle en siècle, souvent pour les rendre encore plus beaux, toujours avec la conscience de leur histoire. Leur valeur, une grande part de leur valeur vient précisément de là. Ils ont presque tous souffert de négligence, souvent de violence (qui n'est pas l'aspect le moins intéressant de leur histoire), mais quelques réparations simples et sans prétention leur ont permis de survivre, témoignages de la nature et de l'histoire.

Mais ces dernières années, une grande montée du zèle ecclésiastique, jointe à un fort développement de l'étude et, par conséquent, des connaissances de l'architecture médiévale, ont convaincu un grand nombre de personnes de dépenser de l'argent non seulement pour réparer ces édifices, pour s'assurer de leur solidité, de leur propreté, de leur étanchéité et de leur protection contre les courants d'air, mais aussi pour les « restaurer » en un état idéal de perfection. Il s'agit d'éliminer toute trace de ce qui leur est arrivé depuis la Réforme, et souvent depuis des époques beaucoup plus anciennes. Parfois, cela est fait sans égard pour l'art et dans un seul but de zèle religieux, mais le plus souvent, l'intention louable est de protéger l'art. Vous ne m'avez sans doute pas du tout écouté ce soir si vous ne comprenez pas que, de mon point de vue, une telle restauration est une entreprise impossible, puisque la tentative même suffit à détruire les bâtiments qui en sont l'objet. J'ose à peine penser au nombre incalculable d'entre eux qui ne sont plus d'aucune utilité pour les étudiants d'art et d'histoire, et, à moins d'être un expert en architecture, vous pouvez peut-être à peine deviner l'effroyable dommage qui a été causé par ces dangereuses « pauvres connaissances » en la matière. Mais il est en tout cas facile à comprendre que c'est rendre un bien médiocre service à l'État que de traiter ainsi, avec tant d'insouciance, ces précieux monuments nationaux : quand ils auront disparu, les plus grandes réussites de l'art moderne seront incapables de les remplacer.

Vous commencez probablement à comprendre que, quand je parle d'étudier l'art ancien, je ne veux pas dire l'art académique enseigné dans les écoles des beaux-arts. Je fais allusion, beaucoup plus largement, à l'éducation que nous devons nous donner à nous-mêmes et pour nous-mêmes. Je veux dire qu'il faut concentrer nos facultés, de façon systématique, sur l'étude universelle et la pratique consciencieuse et assidue de ces arts, et sur la détermination de ne rien créer qui ne soit bien conçu et bien fait.

Bien entendu, il est essentiel que tous les artisans apprennent avec soin le dessin, qui sert à la fois d'outil pour les études dont je viens de parler et pour la pratique de ces arts – en réalité, absolument tout le monde devrait apprendre le dessin, à moins d'en être physiquement incapable. L'apprentissage du dessin ne constituerait pas l'apprentissage de l'art de créer, mais simplement le moyen d'atteindre le vrai but, la CAPACITÉ GÉNÉRALE D'ABORDER LES ARTS.

Voilà en effet ce que je souhaite tout particulièrement vous faire comprendre : la CRÉATION ne peut pas s'enseigner à l'école. Seules une pratique continue et une attention soutenue accordée à la nature et à l'art peuvent aider celui qui a un don esthétique. Sans doute ils sont encore nombreux à posséder ce don, et s'ils vont à l'école, c'est pour en tirer certains enseignements techniques, qui leur semblent aussi nécessaires que les outils. Et de nos jours, alors que la meilleure école, celle où l'on s'entraîne à reproduire ce que l'on voit autour de soi, se trouve dans une situation plus que jamais déplorable, ils veulent aussi sans doute qu'on leur enseigne l'histoire des arts. Les écoles des beaux-arts peuvent leur enseigner ces deux choses. Mais la voie royale d'un code d'usages consacrés, déduits de la fausse science de l'art (c'est-à-dire que ce n'est pas une science, mais simplement un autre code d'usages), ne mène nulle part, ou, pour le dire autrement, ne mène qu'à l'obligation de recommencer.

Quant à savoir quelle sorte de dessin il faut apprendre aux hommes qui se livrent au travail d'ornementation, la MEILLEURE méthode de dessin est celle qui consiste à apprendre à dessiner le corps humain, à la fois parce que les lignes du corps sont les plus subtiles qui soient et parce que toute erreur se voit immédiatement et peut être corrigée. Je ne suis pas certain qu'un tel enseignement, s'il était offert à tous ceux qui s'y intéressent, contribuerait réellement au renouveau des arts. L'habitude de distinguer entre le vrai et le faux, le plaisir qui naît du trait bien tracé, représentent à mon avis une forme d'éducation au sens strict du mot, pour tous ces gens qui recèlent en eux le germe de l'inventivité, mais en ces temps où nous vivons, ce serait pure prétention de croire que l'on puisse délibérément ignorer les œuvres de l'art du passé. Je le répète, il faut aussi les étudier. À moins que les circonstances sociales ou économiques s'y opposent, si le monde, autrement dit, n'est pas si occupé qu'il nous prive tout à fait des arts décoratifs, ces deux méthodes sont les seules qui permettent DIRECTEMENT de les maîtriser : cultiver les facultés de son esprit, et cultiver les aptitudes de l'œil et de la main.

Ce conseil vous semblera peut-être bien banal, et vous vous direz peut-être que j'ai fait bien des détours avant d'y arriver. Cependant, il est judicieux, si votre destination, que votre route soit droite ou pleine de détours, est l'art nouveau, celui dont je parle ce soir. Mais si cela n'est pas le cas, et si l'on persiste à négliger le germe de l'inventivité, qui est encore certainement, je viens de le dire, assez répandu parmi les hommes, si l'on continue à s'en désintéresser, les lois de la Nature prévaudront, comme elles le font toujours, et la faculté même de créer disparaîtra progressivement de l'espèce humaine. Messieurs, croyez-vous que l'on puisse aspirer à la perfection en rejetant une part si importante de cette intelligence qui fait de nous des HOMMES ?

Et maintenant, avant de conclure, j'aimerais attirer votre attention sur certaines choses qui, parce que nous préférons les affaires aux arts, se dressent comme des obstacles sur notre belle route et, tant que nous ne nous en serons pas occupés, nous empêchent de commencer notre voyage. Et si mes propos vous semblent tout à coup prendre un tour trop sérieux – ce que je ne crois pas possible –, je vous rappelle ce que je vous ai dit tout à l'heure : tous les arts dépendent les uns des autres. Quand un vieil architecte du temps d'Édouard III, je veux parler de celui qui fonda le New College d'Oxford, choisit la devise : « Les manières sont la mesure de l'homme », il pensait à un art bien précis, la morale. La morale, c'est-à-dire l'art de bien vivre, de vivre humainement. J'affirme que cet art appartient au sujet dont je traite ce soir.

Beaucoup de mauvais objets sont produits dans le monde, qui abusent l'acheteur, qui causent du tort au vendeur (s'il en était seulement conscient), qui causent encore plus de tort au fabricant. Le renouveau des arts décoratifs, de l'artisanat ornemental, ne reposera sur des bases solides que lorsque nous, les artisans, nous résoudrons à fabriquer uniquement des objets de la plus haute qualité, au lieu de nous fier, comme cela est trop souvent le cas, à de très médiocres normes que souvent nous ne respectons même pas.

Je ne blâme aucune classe en particulier pour cette situation, je les blâme toutes. Même en ne tenant aucun compte de notre propre classe des artisans, puisque vous et moi en connaissons très bien tous les défauts et qu'il n'est nul besoin d'en parler, je sais que le grand public insiste pour tout obtenir à vil prix, sans s'apercevoir, du fait de son ignorance, qu'on lui vend de la camelote, sans se préoccuper de savoir si ce prix est juste. Je sais que les fabricants (soi-disant) tiennent tellement à vaincre la concurrence grâce aux prix les plus bas et non grâce à l'excellence de leurs produits, qu'ils coupent volontiers la poire en deux et offrent allègrement aux acheteurs à l'affût d'occasions avantageuses les affreux produits à vil prix qu'ils réclament, et qui ne sont, pour trancher le mot, rien de moins que frauduleux. L'Angleterre d'aujourd'hui se préoccupe beaucoup trop des calculs des comptables, et pas assez du travail qui se fait dans les ateliers – avec ce résultat que les comptables n'ont presque plus d'ordres d'achat à traiter.

Si toutes les classes sont à blâmer dans cette situation, ce sont les artisans qui en détiennent la solution, car ils la connaissent très bien, contrairement au grand public, et n'ont aucune raison d'être cupides et isolés comme les fabricants et les intermédiaires. Le devoir et l'honneur d'éduquer le public reposent sur leurs épaules et ils possèdent déjà les rudiments d'ordre et d'organisation qui rendent cette tâche possible.

Quand ils s'en chargeront, ils aideront toute l'humanité en insistant sur cette part essentielle de la morale. Notre vie s'agrémentera du plaisir d'ACHETER gaiement des produits au prix juste, du plaisir de VENDRE des objets dont le prix raisonnable et l'excellente qualité nous inspirent une grande fierté, du plaisir de travailler correctement, sans hâte, pour FABRIQUER des objets dont nous sommes fiers. Le plus grand de ces plaisirs est le troisième, si grand qu'il est à nul autre pareil en ce monde.

Ne dites pas que cette question de la morale me fait sortir de mon sujet : c'en est au contraire une part essentielle et de la plus haute importance. Je vous recommande d'apprendre à devenir artistes, afin que l'art ne disparaisse pas de nos vies. Or, qu'est-ce qu'un artiste, sinon un ouvrier qui a décidé que, en toutes circonstances, son travail serait excellent ? Ou, pour le dire autrement, la décoration d'un objet n'est-elle pas l'expression du plaisir d'un homme dans la réussite de son travail ? Mais quel plaisir y a-t-il à MAL travailler ? Pourquoi vouloir orner ÇA ? Comment peut-on supporter de ne jamais réussir son travail ?

La convoitise du gain immérité – vouloir être payé sans l'avoir mérité – encombre notre chemin d'un fouillis de mauvais produits, de produits factices ; de même, les amas d'argent que notre convoitise a entassés (car l'avarice fait de nous ce qu'elle veut, comme toutes les grandes passions), cet argent, dis-je, accumulé par petits et grands tas, et toutes les fausses supériorités qu'hélas il impose à chacun d'entre nous, a élevé contre les arts une barricade, celle de l'appât du luxe et de l'ostentation. De tous les obstacles évidents, celui-là est le plus difficile à surmonter. Les classes les plus hautes et les plus éclairées sont victimes de sa vulgarité, les classes les plus basses, de ses leurres. Souvenez-vous, je vous en prie, car c'est à la fois un remède contre ce mal et la parfaite illustration de mon propos, qu'une œuvre d'art est forcément et par définition un objet utile, c'est-à-dire qu'elle pourvoit aux besoins du corps habité par un esprit sain, qu'elle divertit, apaise ou rehausse l'esprit. Combien de tonnes d'innommables ordures, qui se prétendent dans une certaine mesure des œuvres d'art, rejetterions-nous de nos maisons londoniennes, si nous comprenions et appliquions cette maxime ! Selon moi, ce n'est que très occasionnellement que l'on trouve dans les maisons cossues (sauf dans la cuisine) des objets ayant la moindre utilité : généralement, toutes les prétendues décorations y sont exposées par pure ostentation, et pas du tout dans l'intention de plaire. Je le répète, cette sottise existe dans toutes les classes de la société. Les rideaux de soie dans la salle de réception de Monseigneur ne sont pas plus une œuvre d'art à ses yeux que la poudre dans la chevelure de son valet ; la cuisine d'une ferme de campagne est presque toujours une pièce plaisante et confortable, et son salon, une pièce triste et inhabitée.

D'une vie simple naissent des goûts simples, c'est-à-dire l'amour des choses douces et nobles. Rien n'est plus essentiel pour assurer la venue du nouvel art, de l'art meilleur que nous désirons : de la simplicité, partout, dans le palais et dans la chaumière.

Ceci aussi est essentiel : de la propreté et de la dignité partout, dans la chaumière et dans le palais. Leur absence est un sérieux manque de **MANIÈRES** que nous nous devons de corriger, comme nous devons nous débarrasser de sa cause : l'insouciance et le désordre accumulés depuis tant de siècles. Pour l'instant, seuls quelques hommes ont commencé à chercher des solutions à ces vastes problèmes ; mais qui s'en inquiète, même de leurs effets les plus concrets, par exemple dans la défiguration de nos villes par le commerce ? Personne : insouciance et frivolité partout. Les gens sont impuissants, ils ne vivent pas assez longtemps pour faire quoi que ce soit, ils n'ont ni l'humanité ni la prévoyance d'entreprendre une telle besogne et de la transmettre à ceux qui viendront après eux.

Besoin d'argent ? Coupez les jolis arbres qui poussent entre les maisons, détruisez d'anciens et vénérables édifices, si quelques mètres carrés du terrain londonien peuvent vous en rapporter. Polluez les rivières, cachez le soleil et empoisonnez l'air de votre fumée, c'est votre affaire, nul ne peut vous en empêcher ou tenter de réparer les dégâts. Voilà ce que fait pour nous le commerce moderne, le bureau de comptabilité qui se fiche de l'atelier.

Et la Science, que fera-t-elle ? Nous l'avons aimée, nous l'avons suivie avec application, mais je crains qu'elle ne soit aux gages de la comptabilité et du commandement militaire, qu'elle ne soit trop occupée, et qu'elle ne fasse rien pour nous dans l'immédiat. Pourtant, il est certaines questions auxquelles il lui serait sans doute facile de répondre. Elle pourrait par exemple apprendre à Manchester à réutiliser sa propre fumée, ou à Leeds à se débarrasser des excédents de sa teinture noire autrement qu'en la jetant dans la rivière. Ces problèmes méritent tout autant de solliciter son attention que la production de lourdes étoffes de soie noire ou d'énormes et inutiles canons. Quoi qu'il en soit, et quel que soit le moyen d'y parvenir, comment les gens s'intéresseraient-ils à l'art, s'ils ne s'intéressent pas au fait que leurs activités transform le monde en un lieu hideux ? Je sais que l'amélioration même minime de ces choses coûtera beaucoup d'argent et demandera beaucoup de temps, mais je ne crois pas que l'on puisse mieux occuper sa vie qu'en la consacrant à rendre le monde digne et gai pour les autres et pour soi-même. Si les hommes s'engageaient sérieusement à améliorer nos grandes villes pour qu'elles soient au moins propres, nos vies et notre pays en bénéficieraient au point le plus extrême, et ce, même si les arts ne devaient tirer aucun avantage de ces améliorations. Je ne sais pas si cela sera le cas, mais l'idée que des hommes se consacrent à ces choses suffit à me combler d'espérance et je répète que s'ils ne le font pas, nous ne pouvons guère commencer avec optimisme notre entreprise d'amélioration des arts.

Tant que rien ne sera fait pour que toutes les maisons des hommes soient de plaisante apparence et contribuent au repos de leur esprit, tant que le contraste sera aussi discordant entre les champs où vivent les animaux et les rues où vivent les hommes, je suppose que les arts resteront entre les mains des élites cultivées, qui peuvent se rendre à loisir dans des lieux magnifiques, dont l'éducation leur permet, lorsqu'elles s'absorbent dans la contemplation des gloires anciennes du monde, de ne pas tenir compte du milieu sordide qui est le lot de la plupart des hommes. Messieurs, je crois que l'art s'épanouit en présence de liberté joyeuse, de franchise, et de réalité, et qu'il se flétrit quand on l'expose à l'égoïsme et au luxe. Je crois que l'art ne peut pas vivre en isolation. J'irai même encore plus loin : j'affirme que je ne veux pas que l'art vive, si cela doit être dans ces conditions. J'affirme qu'il serait tout aussi honteux pour un artiste honnête de rassembler ses œuvres auprès de lui, pour son seul bénéfice, que pour un homme riche de se goinfrer de mets délicats parmi les soldats affamés d'une forteresse assiégée.

Je ne veux pas d'un art pour une minorité, je ne veux pas d'une éducation pour une minorité, je ne veux pas de liberté pour une minorité.

Non, plutôt que de voir l'art vivoter ainsi, entouré de ces quelques hommes exceptionnels qui méprisent l'ignorance et la brutalité de ceux qu'ils jugent leur être inférieurs – ignorance dont ils sont eux-mêmes responsables, brutalité qu'ils ne cherchent nullement à apaiser –, plutôt que cela, je préférerais que le monde se débarrasse temporairement de l'art. Je le disais tout à l'heure, il n'est d'ailleurs pas du tout improbable que cela se produise. Plutôt que de laisser le blé pourrir dans le grenier de l'avare, je préférerais l'enterrer, dans l'espoir qu'il germe dans l'obscurité.

Je suis presque entièrement persuadé que cette extinction de l'art n'aura pas lieu, que les hommes, au fur et à mesure qu'ils s'éduquent, acquerront quelque sagesse, que nous rejetterons les complexités de la vie, dont nous nous enorgueillissons un peu trop aujourd'hui – en partie parce qu'elles sont nouvelles, en partie parce qu'elles sont apparues accompagnées de choses meilleures. Elles ont joué leur rôle, elles ont fait leur temps. J'espère que nous pourrons nous débarrasser des guerres, des guerres commerciales comme des guerres où l'on se bat avec des canons et des baïonnettes ; que nous pourrons nous débarrasser du savoir qui fausse le jugement ; que nous pourrons nous débarrasser, surtout, de la rapacité et du désir de cette écrasante supériorité que confère l'argent. Nous sommes aujourd'hui presque parvenus à la LIBERTÉ ; un jour, nous parviendrons à l'ÉGALITÉ, laquelle ne veut dire qu'une seule chose, et rien d'autre, la FRATERNITÉ. Alors, nous pourrons nous débarrasser de la pauvreté et de ses anxiétés abjectes.

Quand nous nous serons débarrassés de toutes ces choses, nous aurons retrouvé la simplicité de la vie, et nous aurons tout loisir de réfléchir à notre travail, ce compagnon fidèle et quotidien, pour que nul ne ressente plus jamais le besoin de le qualifier de malédiction. Notre travail nous satisfera ; chacun saura trouver sa place, et nul n'enviera le sort de son prochain ; personne ne sera réduit à être le SERVITEUR d'un autre, tous mépriseront l'idée d'être le MAÎTRE d'un autre. À n'en pas douter, les hommes trouveront le bonheur dans leur travail, et de ce bonheur naîtra sans aucun doute un art décoratif, noble, POPULAIRE.

Grâce à cet art, nos rues seront aussi belles qu'une forêt, elles élèveront l'esprit aussi bien que la vue d'une haute montagne. C'est avec plaisir et en toute quiétude que nous quitterons la campagne pour aller en ville. Chaque maison sera belle et propre, elle apaisera notre âme et nous soutiendra dans notre travail. Tous les objets fabriqués de la main de l'homme, tous nos outils s'harmoniseront avec la nature : ils seront raisonnables et beaux. Tout sera simple et inspirant ; rien de puéril ou d'énervant. Toutes les beautés et les splendeurs que peuvent concevoir l'esprit et la main de l'homme orneront nos édifices publics ; aucun gâchis, aucun faste, aucune insolence ne terniront les résidences privées. Le MEILLEUR sera partagé entre tous les hommes.

Vous direz peut-être que je rêve à ce qui n'a jamais existé et qui n'existera jamais. Oui, certes, cela n'a jamais existé, mais pour cette raison même, parce que nous sommes encore vivants et encore capables de changer, j'ai l'espoir que cela existera un jour. Oui, certes, cela est un rêve, mais tant de rêves se sont réalisés, se sont transformés en choses bonnes et nécessaires, et aussi évidentes pour nous que la lumière du soleil. Mais il fut un temps où ces choses n'existaient pas, où l'espoir de ces choses n'existait pas.

Néanmoins, pour l'instant, ce n'est qu'un rêve, et je sais que vous me pardonnerez de vous l'avoir exposé ce soir, car il loge au cœur même de mon travail dans les arts décoratifs, au cœur même de toutes mes pensées. Et si je suis ici avec vous ce soir, c'est pour vous demander de m'aider à réaliser ce rêve, cet ESPOIR.

Table

Préface de F. Guévremont 7

Comment nous vivons, comment nous pourrions vivre 19

L'art du peuple 61

Les arts mineurs 101

Mise en pages
PCA – 44400 Rezé

Achevé d'imprimer en janvier 2013
par Novoprint (Barcelone)

Dépôt légal : janvier 2013

Imprimé en Espagne